社会的養護の若き実践者のために
どうしよう こんなとき!! 2

［編］
特定非営利活動法人 こどもサポートネットあいち

［編集代表］

吉村　　譲
藤重育子
蛯沢　　光
千坂克馬
荒井和樹
長谷川眞人

iii 三学出版

はじめに

こどもサポートネットあいち
理事長　長谷川　眞人

　社会的養護の若き実践者のために「どうしよう　こんなとき　2」の本を発行することができました。パート1から5年目になります。社会的養護等現場では今なお子どもたちの対応に追われて四苦八苦されている多くの職員が頑張って働いていることと思います。

　5年前に出した時のQ&Aの時の内容と今回のパート2の内容を見比べてみても、依然として社会的養護現場では多くの職員が悩みながら仕事をしている実態が見えてきました。

　今回パート2を出版するに際して1年目から5年目くらいまでの社会的養護現場で働いている方々に2回ほど座談会をさせていただき、実態もお聞きしました。5年前に書かれた悩みも今なお同じような悩みをもって仕事をされている若い職員の意見も聞くことができました。パート2を発行するに際して編集委員会では、5年前当時同じ悩みを持ちながら現在も頑張っておられる先輩たちにも経験を踏まえて、回答を書いていただいた方もいます。今なお職場を辞めずに頑張っている先輩たちが沢山おられることは、この仕事に生きがいと誇りをもち、子どもたちと共に生活を通して子どもたちの自立や家庭復帰を支援しているという思いがあるから続けてこられたと思います。

　国の社会的養護等の今後の在り方が示されていますが、現場に本当にあったあり方が問われることもいくつかあります。小規模化する方向は誰しも反対はないと思いますが、職員配置の人数の少なさ等は諸外国と比べると格差が歴然とわかると思います。志を持ってこの仕事についた職員が3～4年で辞めていくような過酷な労働条件について現場を十分に分かっていないところで議論されているようでは、改善にはつながるはずはありません。将来の日本を背負う子どもたちの最善の利益を満たすためにも、今現場で何が必要かを考えていただく大変重要な時です。

　今回パート2を作るにあたっての座談会での圧倒的な若手職員の悩みは「性の問題」が語られました。「性の問題」だけでも1冊になるくらい様々な問題は現在の家庭においても起こっている問題でもあると思います。その意味で本書は一般家庭のお母さん・お父さんたちにも読んでいただきたいと編集委員の全員の意見です。

　今回パート2の出版に際して、発行趣旨の申請を認めていただきました丸紅基金財団様には大変感謝をしております。この本が全国の社会的養護施設等に配布されて読んでいただき、少しでも役立つことになれば発行した意味は大きいと思います。

　社会的養護等現場では多くの問題を抱えた職員が頑張って働いています。

　是非、パート3を早い時期に発行できることを期待しています。

もくじ

はじめに

第1部　子どもと職員の関係

1　「面会のときの保護者と子どもへの対応に困ります」................................. 2
　　先輩からの助言　ダーリンブル規子（中部学院大学短期大学部教員）
2　「暴れてしまう幼児に困っています」... 4
　　先輩からの助言　ダーリンブル規子（中部学院大学短期大学部教員）
3　「幼稚園や学校の参観に困ります」... 6
　　先輩からの助言　橋本　喜予（元児童養護施設職員）
4　「子どもとの言い合いで困ってしまいます」... 8
　　先輩からの助言　加藤　　潤（和進館児童ホーム　ケアワーカー）
5　「精神疾患の子どもへの対応に困っています」.......................................10
　　先輩からの助言　西川　　信（名古屋文化キンダーホルト施設長）
6　「発達に少し遅れがある子どもの進路に困っています」..........................12
　　先輩からの助言　岩田　正人（名古屋文化キンダーホルト個別対応職員）
7　「高齢児との対人関係の距離に悩んでいます」.......................................14
　　先輩からの助言　高間　由衣（子どもの家ともいき個別対応職員）
8　「子どもの対応でお手上げ状態になり、困っています」..........................16
　　先輩からの助言　山路　英子（天理教三重互助園副施設長）
【解説】「子どものことを考え、共に暮らす職員であるために」.......................18
　　吉村　　譲（岡崎女子大学教員）
「私の思い出の職員」...20
　　卒園生の作文　浅井　梨沙

第2部　性の問題

9　「男の子同士の"いちゃつき"をどう考えていいのか悩んでいます」.........22
　　先輩からの助言　中屋　浩二（梅ヶ丘学園施設長）
10　「宿直中に起きた性問題への対応に困っています」...............................24
　　先輩からの助言　中屋　浩二（梅ヶ丘学園施設長）

11 「性非行に挑発される子どもにどう向き合えばいいでしょうか」…………26
　　　先輩からの助言　川上　知幸（金城学院大学非常勤講師）
12 「少し発達に遅れがある子の恋愛について悩んでいます」……………28
　　　先輩からの助言　木全　和巳（日本福祉大学教員）
13 「性に対する子どもとの見解の相違に悩んでいます」………………30
　　　先輩からの助言　川岸　慰隆（いせ子どもの家副主任）
14 「思春期で関係の取りにくくなった子どもの性非行の指導について教えてください」…32
　　　先輩からの助言　川岸　慰隆（いせ子どもの家副主任）
15 「性非行が発生した時の児童相談所との連携について教えてください」………34
　　　先輩からの助言　石田　公一（元児童相談所長）
【解説】「児童養護施設で生活する子どもたちと性と生の支援」………………36
　　　木全　和巳（日本福祉大学教員）
「私の思い出の職員」………………………………………………………38
　　　卒園生の作文　藤田　明日果

第3部　職員集団

16 「夜勤はとても大変です」……………………………………………40
　　　先輩からの助言　小塚　光夫（元児童養護施設長）
17 「地域小規模児童養護施設での勤務体制が大変です」………………42
　　　先輩からの助言　遠藤　由美（日本福祉大学教員）
18 「職員間の役割分担のことで困惑しています」………………………44
　　　先輩からの助言　藤田　哲也（滋賀文教短期大学教員）
19 「暴言・暴力に職員がチームとしてどう対応したら良いか悩んでいます」………46
　　　先輩からの助言　蛯沢　光（特定非営利活動法人理事長）
20 「すぐに相談できる人がいなくて困っています」……………………48
　　　先輩からの助言　鬼頭　菊恵（衆善会乳児院施設長）
21 「問題が起きてしまった時、他の職員とどう共有したらいいのか悩んでいます」…50
　　　先輩からの助言　喜多　一憲（全国児童養護問題研究会会長）
【解説】「集団づくり」……………………………………………………52
　　　西川　信（名古屋文化キンダーホルト施設長）
「私の思い出の職員」………………………………………………………54
　　　卒園生の作文　飯森　美羽

おわりに……………………………………………………………………………55
著者・執筆者紹介……………………………………………………………………56
【参考資料】NPO法人こどもサポートネットあいちの紹介……………………57

第1部

子どもと職員の関係

今までの生活と将来の夢

　私は小学校6年生の時から今まで施設で過ごしてきました。施設に入ったころ、すでに学期末近くになっていて、なかなか友達が出来ませんでした。中学に入ってからもなかなか仲良くなれず、学校では気まずかったです。けれども施設にいた子達と仲良くなりました。今までとは環境も勝手も違う生活の中で様々な問題がありました。とても辛い時も学校を辞めたいと思った時も、友達と話すことで楽になったり、施設の先生が励ましてくれたりしたおかげで、ここまで続けることが出来ました。私の夢は世界中のおいしいものを食べることです。私はおいしいものを食べることが好きなので、世界中を旅行しながらおいしいものを食べたいです。
　私はこれから高校を卒業し、社会へと旅立っていきます。私は今まで施設で過ごしてきたので、他の人と差があるかもしれません。けれどもめげずに社会に出て積極的に働き、自らの役目を果たせるように努めていきたいです。今までお世話になった人たちに感謝しながら過ごしていきたいです。

1 面会のときの保護者と子どもへの対応に困ります

　私はいつも親や保護者の方の対応に悩みます。
　以前、面会の回数が月に1回程度の0歳児のハルカちゃんの面会に対応したときのことです。ハルカちゃんが保護者に対して人見知りして泣いてしまいました。保護者の方は「おいで」とハルカちゃんに手を差し伸べるのですが、泣いて私にしがみついているのです。しっかりつかまっているハルカちゃんの手を離して保護者の方に抱いてもらうべきなのか困ってしまいました。私はしばらくハルカちゃん親子と一緒に過ごし、遊びなどに誘いながら徐々に保護者の方と過ごせるように働きかけました。少し落ち着いたので、私は一度退室しました。しばらくすると、面会中の部屋から泣き声が聞こえたため、部屋に様子を見に行きました。しばらくそのまま見守っていたのですが、なかなか落ち着くことができないようでした。すると先輩保育士が、声をかけ対応をしてくれました。その後はおやつを食べ、DVDなどを鑑賞しながら落ち着いて過ごしていました。
　面会終了後、保護者の方からハルカちゃんをお預かりする際、私がハルカちゃんに手を差し伸べると、すぐに抱っこを求める姿がありました。「すぐに行くんだね」と保護者の方の一言が聞こえました。保護者の方の笑顔もあり、冗談かな？とも思えたのですが、とても気になりました。それからハルカちゃんはバイバイタッチをして笑顔で保護者とお別れができました。
　私は、保護者の方も子どもも面会の時間を楽しく過ごし、気分よくお別れしていただきたいと思っています。子どもの月齢、面会の頻度にもよると思いますが、面会の際にどのタイミングで保護者の方にお任せし、また泣いている際などはどのタイミングで声をかけるべきなのでしょうか。

A 先輩からの助言　●●●　ダーリンブル規子（中部学院大学短期大学部）

　0歳児のハルカちゃんの担当保育士がきっとあなただと思いながら、事例を読みました。月に1回面会に来られる保護者に"人見知り"をしたハルカちゃん。何らかの事情で子どもと関われない保護者の代わりに、あなたを中心に乳児院で、彼女とのやりとりを通してしっかりと愛情がそそがれ、ハルカちゃんは安心感の中で大好きな人への愛着を育てていけているのだろうと想像できます。彼女にとっては、非常に大切な、そして健康な心の育ちの過程です。

　0歳児、特に8か月前後は人見知りが始まり、子どもの気質にもよりますが、「見知らぬ人」に対して一番激しく反応します。0歳児のハルカちゃんにとっては、この時、保護者は「見知らぬ人」なのです。すぐに保護者に抱っこをしてもらうよりは、あなたの近くにいる状態（ベビーチェアに座っている等）で、しばらく保護者とあなたが仲良く話している姿をハルカちゃんが観察できるようにしてあげた方がいいように思います。あなたが仲良く話しているということは、危ない人ではないらしいとハルカちゃんが思えるからです。徐々に、保護者が関われるようにこちらから仕掛けてみましょう。保護者に絵本を読んでもらうとか、おもちゃを媒介にして関わってもらうとか、です。人見知りが激しい時期は、それでもあなたが立とうとするとすぐに泣きだしてしまったりしますが、発達が進んでいくと、身近な人ではない人への興味も広がっていますから、あなたが離れても大丈夫だったりします。事例にもあるように、別の保育士が対応するというのも一つのやり方です。

　面会の部屋は、2人きりになる部屋でしょうか。親子にもよるでしょうが、私はこの時期は、保護者にとっても周りに他の大人がいながらの子どもとのやりとりの方が、いいように思います。周りの人に、「顔見て笑っているね」とか、「上手に抱っこできるのね」とか言ってもらえることが、自分への自信にもつながります。二人の楽しいやり取りがいっぱいできるように周りで支えてあげましょう。

　出会いと別れの時は、特に、保護者の"自分が面倒を見ていないという現実と、我が子が自分を好きでないかもしれないという不安と向き合う葛藤の時間"で、私たちにとっても心痛いですね。でも、それを超えるくらいの楽しい時間を繰り返し体験していれば、この葛藤は乗り越えられるものになります。いろんな感情を繊細に感じられるあなたの感性を是非大事にしてくださいね。

2 暴れてしまう幼児に困っています

　セイジくんという5歳の男の子に暴力が出てきてしまって、止めることに大変苦労しています。職員に注意されると、壁を蹴って穴をあけたり、ごみ箱をたたいて蓋を割ったりします。ひどいときには、消灯後、靴も履かずに外出してしまい、施設の中に入るよう声をかけると、置いてあった学童のバット振り回して、職員が殴られました。体もしっかりしている子どもで止めに入った職員があざをつくってしまうほどです。彼が暴れ始めると、優しい声で諭したり、怒鳴ってみたり、いろいろやってみるのですが、どうにもならずお手上げ状態です。

　私は今年から幼児棟の担当になりました。幼児を寝かせるために夜、部屋に入るとセイジくんから「おまえのことは好きじゃない」とはっきり言われてしまいます。けれども子どもたちを寝かしつけるために、他の子どもの傍で添い寝をしながら他の子どもにはトントンとしています。セイジくんは部屋から出て行くことはありませんが、私には寄って来ません。朝になり他の職員が出勤してくると、「他の先生がいるから、おまえは部屋から早く出て行って」と言います。

　セイジくんは乳児院から措置変更されて児童養護施設に入ってきました。母親は乳児院からの措置変更の際「幼稚園入園までには引き取ります」と言いましたができませんでした。同じように「年中になるまでには」「年長になるときには」というのを重ねてきました。今は「小学校に上がるのと同時に引き取ります」と言っています。母親はときどき面会には来てくれます。面会のとき「あと7回寝たら、一週間後、また面会に来るね」と言い帰っていきますが、一週間後には来られないという電話もないまま、面会に来てくれないということはしばしばあります。本当にセイジくんが母親と暮らせるようになるのかわかりません。

A 先輩からの助言　●●●　ダーリンブル規子
（中部学院大学短期大学部教員）

　暴力が激しく、嫌われてもいて、どうしていいのかわからないあなたと、「また面会に来るね」「○○には引き取ります」と言いながら、その通りに現れない母親の姿にどうしていいのかわからない、セイジくんの姿がだぶってきます。

　職員に注意されたり、消灯後に外出して施設の中に入るように声をかけられたりしたとき、彼はどんなふうに感じたのでしょうか。あなたが"お手上げ"と感じたということは、私は、セイジくんが「行為を注意された」のではなく、「自分の存在が全否定された」と感じ、その"自分の無力感＝セイジくんのお手上げという感じ"をあなたに伝えたように思います。身体は大きな５歳児ですが、心はまだまだ幼く、その育ちそびれているむきだしの心に彼自身もおびえているようにも思います。赤ちゃんだったら泣くという行為、２歳児のパワフルな癇癪にも似ています。でも２歳児ならば、こちらがけがをするということはありません。どうすればいいでしょうか。一つには、注意をする前に彼が「何」をしていて「どうして」しているかを考えてみるという方法があるかと思います。注意をする前に、「○○してるのね」とか、「何か怖かった？」等の、彼の今の状態をそのままで受け止めるという声掛けにしてみます。もう一つは、暴れているときの気持ちを言葉で代弁してあげることです。その場で、あるいは、少し落ち着いてその時のことを振り返ることができる時に話すこともあるでしょう。彼の気持ちを言葉にしてあげるのは彼にとって非常に役に立ちます。ここで大事なことは、どちらもハウツーではなくて、彼の行為の裏にある彼の思いを考えるという私たちの行為です。

　新参者のあなたに、「お前のことは好きじゃない」というセイジくん。でも、あなたの文章を読んでいると、そう言われても（なんとかあなた自身の揺れる気持ちを保ちながら）部屋から出ていかないあなたに、ほっとしているセイジくんも感じられます。敵か味方か、どこまで近づいていいのか、試しているようにも思います。好きじゃないと言われると、どんな気持ちになりますか？「母親がもしかしたら自分を排除している？」というセイジくんの中の"見捨てられ感"と似ていませんか？あなたが彼の行為によって感じる感情は、彼が自分の抱えている感情を伝えているのかもしれません。あなたと彼との関係性の中で言えそうだったら、「私はセイジくん好きだよ」と一言、言ってみるのもいいかもしれませんね。

3 幼稚園や学校の参観に困ります

　先日、子どもの幼稚園の参観に行ってきました。参観日は職員も子どもの名札を付けます。施設の子どもの名前が書かれた名札を付けていた私に、他の保護者から「サクラちゃんのお母さん。サクラちゃんがいつもうちの子と仲良く遊んでくれてありがとうございます」と急に声をかけられて、私は困ってしまい「はっ、はい」って曖昧に答えてしまいました。そこに居合わせたサクラちゃんが、友達のお母さんに「この人はお母さんじゃないよ、先生だよ」と言いました。その様子を傍で聞いていたサクラちゃんの友達は、ポカンとした顔で彼女の言葉を聞いていました。その子はその後サクラちゃんに「あの人、サクラちゃんのお母さんじゃないの？」と聞いていました。サクラちゃんは「お母さんは別にいるんだけどね」と答えていました。その時はそれで済みましたが、施設で生活していることについて幼稚園や園児にはどのように対応したらよいのか困ってしまいました。

　授業参観や入学式などは中学生についても困っています。以前、20歳代の私が父兄参観に行ったとき、他の父兄よりも若いので「あの人、誰？」って子どもたちがボソボソと言い始めました。そこにいた私の担当の子どもは私と目を合わさないようにして、知らないふりをしていました。そのことがあった後、子どもから「授業参観には来ないで」と言われてしまいました。

　授業参観ではないのですが、保護者が集まる懇談会に行ったときのことです。他の保護者の方から「お母さん、若いですね」と言われてとても恥ずかしくて「違うんです」と伝える前に、司会の方から「一番若いお母さんから、立って、一人ひとり自己紹介してください」と言われて、あわてて「母親ではないんです。施設の職員です」と言い、子どもが施設で暮らしていることを話しました。学校の保護者の皆さんに施設のことを理解してもらうことは必要だとは思いますが、日頃から"施設の子ども"と言うのもどうかなと思います。

A 先輩からの助言

橋本　喜予
（元児童養護施設職員）

　日頃から子どもと向き合い、奮闘してみえる姿が目に浮かびます。子どもたちが施設から出て過ごす姿は新鮮で戸惑いもあるとは思います。初めてわかることもあると思います。冒頭にある、サクラちゃんはしっかりと自分が施設で生活していることを受け入れて、母は別のところで暮らしていることをお友達に伝えている様子が伺えます。子どもの方がよくわかっているように思いました。お世話になってお礼を言われたら、まずこちらからもお礼を伝えましょう。いつも遊んでくれている友だちが解れば、こちらからお礼を伝えましょう。幼稚園参観に行っているのであれば、施設を代表して幼稚園に足を運んでいることになります。サクラちゃんの生活の支援をしている大人ということになります。サクラちゃんの親御さんではないですが、サクラちゃんの身近な大人です。サクラちゃんもしっかりと見ています。「こちらこそ、いつもありがとうございます」に加えて、「また、○○（施設名）にも遊びに来てくださいね」と付け加えると、施設を知ってもらういい機会にもなったのではないかと思います。

　また、施設はそこの地域での歴史が浅いのでしょうか。創設や移転されて間もないのか、地域の方々に馴染みが無いように見受けられます。地域の方との交流のために、秋には地域に向けたバザーのようなお祭りを開催する施設も多くあります。施設の園庭を公園のように地域の子どもたちが遊べるように解放したり、会議室を解放したりして、地域の方々とのきっかけ作りはできると思います。"施設の子ども"とこちらが垣根を作らず、フラットな環境を作るのは職員の役割です。施設で生活していることは恥ずかしいことではありません。

　職員も保護者の方などに"若いお母さんですね"と言われた時に「そうなんです～○○（施設名）で6名の子育てさせてもらっています」などスムーズに返せるように、こちら側の受け答えの対応力も必要になりますね。

　今は、交代勤務は主流となっていますが、子どもたちと職員が生活しているのは、孤立した施設という建物ではなく、地域の中にある施設で生活していることを忘れずにいたいものです。

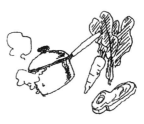

子どもとの言い合いで困ってしまいます

　私は女子棟を担当して2年になります。自分でもよくないとは思いますが、しばしば子どもと言い合いになってしまいます。

　先日も中学2年生のアカネさんと言い合いになってしまいました。休日、彼女は夕食時間の午後6時には帰宅する約束をして学校の友達と遊びに出掛けました。けれども時間になっても帰宅しないため、他の子には夕食を食べるように伝え、私は彼女の帰りを待っていました。すると午後7時過ぎに彼女は帰宅しました。私は彼女と一緒に夕食を食べようと思い、残しておいた夕食を温め始めました。食堂に入ってきた彼女は帰宅が遅くなったことなどなかったかのように、さらっと「友達とハンバーガー食べてきたからご飯はいらない」と言いました。約束した帰宅時間を守らなかったこと、他の子もアカネさんの帰りを待って夕食が遅れたことを伝えると、彼女は「私、みんなに食事を待っていてなんて言ってないし」と、帰宅時間の約束を守らなかったことを謝ることもなく平気な顔で言うため、私は腹が立ってしまいました。一緒に生活している仲間だとみんなが思っているから待っていたことを伝えると、「私、みんなと一緒にいたいと思ってないから」と言います。帰宅が遅くなると職員も他の子も心配していることを伝えると「別に心配なんかしてくれなくてもいいし…」と言い返してきます。彼女とはいつもこんなふうに言い合いになってしまいます。結局、彼女は自分の部屋にプイと入ってしまい、その日はそのまま寝てしまいました。

　私の施設は小規模グループになっているため一人で勤務していることが多くあります。そのため子どもと言い合いになると、なかなか収拾がつかなくなってしまいます。私の対応にも問題があるとは思っているのですが、こんなときに他の職員がいてくれたら互いにヒートアップしなくてもよいかもしれないと思っています。

A 先輩からの助言　　　●●●　加藤　潤
（和進館児童ホームケアワーカー）

　小規模グループケアという新しい形の施設形態のなかで、試行錯誤しながらも日々の子どもたちとの生活づくりと、丁寧な関わりに一生懸命な姿が思い浮かびます。私自身も小規模グループケアに建て替えた直後に職員として採用され、同じように一人勤務に悩んだり、同性・異性の思春期の児童に対する関わり方に悩んだりしていました。

　まず「言い合いになることが良くない」とのことですが、確かにその時々にパワーもいりますし、辛くしんどく感じますよね。しかし、それは思春期の子どもと関係を構築すること、そしてアカネさんの心が大人に向けて自立していく上でとても大切な関わりです。職員と同じようにどこかで、アカネさんにも後ろめたい気持ちがあるからこそ、反発するのです。

　ここで大切なことは、子どもと距離を置く"タイムアウト"をうまく使いながら、"言うべきことを言う"ことです。一人勤務の場合、トラブルを避け、見て見ぬ振りをしてしまいそうになります。けれどもいつも側で生活を支えている職員として、身近な大人として言うべきことは言いましょう。そして伝え方を工夫し、考えることが大切です。言葉だけでなく、手紙であったり、伝えられそうな瞬間を探ってみたりしてください。また気をつけなければならないことは、そういった関わりを日々重ねていると職員側が納得できる反応を子どもに無意識に求めてしまいます。けれどもまずは伝えることに重きをおきましょう。それを繰り返していくうちに、「あれ？前より少しこの子の気持ちをつかむことができるようになった気がする」「あの時より何だかしんどくないな」と感じる時があり、そしてそれがいつの間にか笑い話になる日が必ず来ます。

　次に、一人勤務の多さと問題の抱え込みについてです。どの施設にも言えることですが職員の配置上、サポート体制の充実には限界があります。また、一人勤務が多くなると、トラブルは自分自身に理由があると納めがちになってしまいます。しかし、その状況を他職員に相談、報告することで施設全体の課題と取り組みに繋がり、建設的な課題改善になっていきます。また、施設内だけで課題改善に取り組むのではなく、自主的に研修などに参加し、同じ悩みを抱えている他施設の職員とつながりを持つことで、視野が広がり、施設での取り組みや自分自身の子どもとの関わりを客観的に見ることができます。

　日々の関わりのなかでは、目の前の課題にとらわれがちになってしまいます。その原因を子どもや自分自身だけに求めるのではなく、そういった状況の時に俯瞰し、子ども一人ひとりの生い立ちを社会的な背景と、現状に関連させて客観的に整理する力がとても大切です。

Q5 精神疾患の子どもへの対応に困っています

　精神疾患の子どもの暴言、暴力がすごいのです。中学校2年生のミドリさんという女の子です。ミドリさんは他の子どもを脅すようなことを言ったりします。彼女が不安定になり暴力行為を始めたりすると子どもたちは部屋に入ってしまいます。そうしないと他の子どもが標的にされてしまうからです。ミドリさんは施設の子どもたちが自分を避けていることに気付いています。他の子どもたちはびくびくしながら毎日を過ごしています。最近ミドリさんは職員も標的にするようになりました。職員がミドリさんの思いに沿わないときがあると、彼女は当たり散らしてきます。そして職員がミスをするように無理なことをわざと言い、うまくできないと言いがかりを付けてきます。これまで施設内の心理治療を受けたり、地域の病院にも通ったりしましたが、彼女はすぐに「もう行かない」と言い止めてしまい、長続きしません。

　ホームの他の子どもの生活を見ながら彼女に対応をするのは、職員一人ではできません。そのため1日中複数の職員がホームにいるようにしています。そのため2か月くらい職員は休みを取らずに、ずっと断続的にやっています。

　こういった状況をケース会議で報告して対応をみんなに考えてもらいましたが、よい方法が見つかりませんでした。結局、「みんな辛いと思うけど現場で支え合って頑張っていこう」ということになっただけです。実際に毎日彼女と生活をしている職員は疲れ果てています。そして一緒に暮らしている他の子どもたちも安心できません。現場はもう限界になっていることを施設長や事務所の人に伝えても、全く何も動いてくれません。それどころか施設長や事務所の人はケース会議に出て現場職員の声を聞こうともしません。現場の職員は「もう無理だよね」「前もこういうことがあったけど、どうにもならなかったね」と諦めながら話したりしています。私たちはいつまで頑張れるのかわかりません。

A 先輩からの助言

西川　信
（名古屋文化キンダーホルト施設長）

　子どもの支援で行きづまった時には、自分の周りにいる関係者で、とりあえず客観的に事実関係を整理してみて、誰が何に困っているかを考えてみると、案外解決の糸口が見えてくるのではないかと思います。このケースでは「精神疾患を抱えた児童が他の児童や職員に暴力行為」を行い、「現場職員は協力し合って対応するも改善が見られない」、その児童は現在「通院をしなくなり医療的支援も停止している」、「管理的立場にある職員の理解が全く得られない」、などが挙げられるかと思います。子どもの援助が滞る場合は、原点に回帰し、入所の際にどのような「アセスメント」をしたか、に立ち戻ることが必要かと思われます。「アセスメントが不十分」であったり、「援助方針や援助方法が適切さを欠いて」いたり、そのどちらもが「関係者で共有できていなかった」り、ということも残念ながら得てしてあることです。あるいは、途中からの児童の変化を見過ごしてしまい、変わらない対応を続けた結果が、現在の行動に表れているのかもしれません。また、現在の本児の様子には自分の暴力行為によって周りの人間関係をコントロールしている面もあるようにも思われます。そうなると「愛着の問題」が大きいのかもしれません。まずは精神疾患について、もう一度きちんとした診断を受け、どのような医療的援助を必要性としているのかを明らかにし、その結果も踏まえ、「児童相談所」や「施設の幹部職員」にも入ってもらい「ケースカンファレンス」を行い、「本児の行動の背景にあるもの」や、「現在の本児の思いがどこにあるのか」など、仮説を立て見立てを行い、関係者で理解を深め共有していくことが援助の再スタートとなるのではないかと思われます。そのプロセスのなかで、「児童相談所の役割」や「担当職員及び周りの職員の役割」、そして「幹部職員の役割」を明確にしていく作業を行うことができれば、その後の援助の見通しがかなり見えてきます。本児が穏やかに過ごしている時を見計らって「本児の心に触れられるような会話」ができると、案外全体の構造は大きく変化する可能性もなくはないと思います。また一方でそのような展開にならず「行動や人間関係が悪化した場合にはどうするのか」についてもある程度あらかじめ考えておく必要もあります。

6 発達に少し遅れがある子どもの進路に困っています

　中学2年生のテツオくんの進路に困っています。テツオくんは小さいときから落ち着きがなく動き回っていました。小学校に入学してからもしばしば立ち歩くものの、クラスの他の子どもの迷惑にならない程度にはなりました。中学進学のときに特別支援学級への入級も考えましたが保護者の了解が得られなかったため、そのまま中学校も普通学級に入りやってきました。テツオくんは他者とのコミュニケーションが難しい子どもで、こちらが伝えたつもりでも間違って理解していることがしばしばあります。成績も良くなく、中学校からはこのまま普通学級にいると勉強はますますわからなくなると言われています。本人も自分の成績が良くないことはわかっています。そこで特別支援学級への入級について話すと「俺は特別支援には行かないよ」と言います。同じ施設にいる特別支援学級に通っている子どもに対して「おまえらは俺より下だからな」と言ったり、見下すような態度をしたりします。テツオくんの高校進学についても考えなければなりません。学校からは特別支援学校の高等部を勧められています。私たちも彼には特別支援学校への進学がよいと思っています。さらに高等部卒業後も福祉的な支援が彼には必要であろうと思っています。そのため療育手帳の取得も考えたほうがよいと思っています。テツオくんにこれからのことを考えるために児童相談所に行って知能検査などを行うことを伝えても納得しません。私たちはテツオくんの発達は少しゆっくりであり、やや落ち着きがなく、コミュニケーションが苦手な子どもであると思っています。けれどもテツオくんは自分のそういった特徴について自覚していないため、私たちがテツオくんの特徴について説明してもなかなか納得しません。こういう子どもに対してどのように対応したらよいのか困っています。

A 先輩からの助言

岩田　正人
（名古屋文化キンダーホルト個別対応職員）

　施設に入所する子ども達は、本当に様々な背景や個性を持っていますから、その個々のケースを十分に理解していないと養育や支援が行き詰まり、結果的に子どもとの関係性の悪化や自尊心の低下など二次的な問題をまねくことがあります。テツオくんは幼少期から現在に至るまで一定程度、適応や改善されている面もあるようですが、基本的な特性は変わらずあるように思われます。

　さて、テツオくんに対してどのようにその特徴や進路について理解を促したら良いのかということですが、"発達の遅れ"は"個性や特徴"と理解しながら、まずは関係する支援者でケースアセスメントし、多方面の情報で多面的に捉え直すことから進めてみても良いのではないかと思います。そしてケース検討を深める中では、新たな有益な意見や視点または各支援者のできることなどが浮かびあがってくると思います。例えば、他の支援者と共に本児の個性や進路について話し合った方が有効である場合も考えられます。

　また、個性などの自覚化を促すための具体的アプローチとして、例えば「テツオくんはコミュニケーションが上手でなく誤った理解をすることがある」とのことですから、個性や将来や困りごとなど図表化して目に見えるようにしてみたり、進路の方向性をいくつか書き出して流れが分かるようにしてみたり、そのメリットとデメリットを挙げると、テツオくんにとって理解しやすくなるのではないかと思います。ただその点で注意したいのは、選択肢は二者択一でないように配慮したいものです。二つの選択肢だと「○○が嫌だから△△しかない」「○○しなければ、△△となってしまう」のように自己選択・自己決定したと実感が持ちにくいため、いくつかの選択肢を用意することが大事だと思います。逆に不本意であったり、納得しないままだったりすると、たとえ支援者の望んだ進路になったとしても、その後にうまくつながってはいきません。

　また中学2年生で多感な時期でもありますから、分かっていても認めたくないというような感情や葛藤がある一方で、これまでの学校生活や対人関係の中で、テツオくん自身、少なからず得手不得手や生きづらさなど感じているのだろうと思いますので、全く向き合う気がないわけではないと思えます。ですからテツオくんのこれまでをゆっくり振り返りながらテツオくんの気持ちを一つひとつ共感し受け止めつつ『あなたのことを真剣に考えているよ』とのメッセージが伝わるようにして進めていくと良いのではないかと思います。

　また意外と子どもはこれまでの支援者がどのように考え、支援し、時には悩んできたのかを知らない場合が往々にしてありますので、共に振り返る意味においても、率直にテツオくんに話してみても良いのかなと思います。

高齢児との対人関係の距離感に悩んでいます

　私は2年目の女性職員です。今年から担当になった高校1年生の女の子、ユキちゃんとの関係で悩んでいます。ユキちゃんが私のことを慕ってくれていることは、以前から気付いていました。けれども彼女の中の私の存在が、少し普通ではないように思われることが多く困っています。例えば、ユキちゃんのスマートフォンの待ち受け画面は、私の写真です。またスマートフォンのロックナンバーは私の誕生日です。そして彼女は私のシフト、出勤日をすべて把握しています。私が出勤すると、彼女は後ろをずっとくっついて動いています。ユキちゃんは高校生ですが、ベタベタくっついてきたり、「愛しているよ」と言ってきたりします。私が彼女の担当になる前から、ユキちゃんは私のことが気になっていたようです。でも、今までは担当ではなかったため、距離を置くことができていました。
　今年から、私が彼女の担当になったことについて「どうしてだろう」と思い、先輩職員に相談をしました。すると、先輩職員は「ユキちゃんは、殻に閉じこもるタイプの子だよね。職員としっかり話ができたのはあなたが初めてだと思うんだよね。私はあなたとの関係は彼女にとってよい経験になると思うよ。彼女の幼稚さや気になる行動は周りの職員が彼女に言うようにするから、頑張って欲しいな」と説明されました。先輩職員の中には、彼女の行動について「同性でのことだから、それほど問題意識を持たなくてもいいのではないか」と言う人もいて、結局、私がユキちゃんの担当を続けることになりました。仕事に関わる私の情報だけでなく、個人的なことも知るようになり、ユキちゃんとの距離がどんどん縮まっているように感じます。こういった子どもへの対応はどのようにしたらよいのか悩んでいます。

A 先輩からの助言

高間　由衣
（子どもの家ともいき個別対応職員）

　高齢児との距離感について悩んでいるとのことですが、どの施設でも対応に困っている事案だと思われます。高校1年生の女の子から過度な関わりがあるということですが、その女児の生育歴についてまずは目を向けてみると良いと思います。彼女の生育歴について今の彼女の状態から推測すると、年齢不相応な距離感であなたに関わっていることから、両親、特に母との関わりが十分に持つことができていなかった、あるいは関わる機会がなかった等、施設入所前に身近な女性に甘えたり愛情を与えられる機会が彼女にとって希薄だった可能性が考えられます。そのため、過去にできなかった身近な女性との関わりを今あなたに対して求めている状態なのではないでしょうか。ベタベタくっついてきたり「愛しているよ」と言ってきたり等の様々な行動をあなたに対して行うことで、幼少期にできなかった愛情の確認をし、自分は大切にされるべき存在なのかを確認して不安を拭いたいのではないかと感じます。いつかは退所し社会に出るにあたって年齢相応の距離感をとれるように支援をしていく必要があるとは思いますが、ただ単に「距離が近いから離れてね」等の声掛けをするのではなく、甘えたい、愛情を与えてもらいたいという気持ちを受容した上で、年齢相応の関わり方について彼女と一緒に考えてみてはどうでしょうか。こちらから一方的に彼女との関わり方を提示するよりも、一緒に関わり方について考えてもらった方が彼女も納得した上であなたと関わりを持つことができるのではないかと思います。自分だけに関わりが集中すると気持ちが辛く重くなってしまいますよね。彼女と関わりを持つことも避けたくなってしまうかもしれませんが、そういう時こそ彼女の根底にあるものと向き合うチャンスだと思います。施設を退所してから生きていくのは本人です。本人にも自分と向き合ってもらう良い機会だと捉え、彼女の過去の修復をするつもりで支援をしていけると良いと思います。

Q8 子どもの対応でお手上げ状態になり、困っています

　私は男女混合で縦割りの施設で仕事をしています。日々、様々なニーズを抱える子どもの対応に悪戦苦闘しています。親や家庭環境の影響から様々な発達課題を抱えている子どもたちが年々増えています。そんな中でも他の職員がサポートしてくれ、アドバイスをしてくれるおかげで何とかやれているのが正直なところです。

　先輩の男性職員が担当する男の子は性に関して非常に強い興味を持っています。先輩職員は、その男の子に対して性に関して話をしたり、一緒にお風呂に入って指導したり、よいこと日記を毎日、子どもと一緒に書きながら子ども自身が良かったことを振り返ったり、その子が暮らしやすいように、生きやすいように色々試行錯誤しながらやってきました。その矢先、再び子ども間の性問題が起こってしまいました。先輩の男性職員は「もうどうやってこの子と関わったら、この子が良い方に育っていくのか分からない」とお手上げ状態になり、疲れ果てて、退職してしまいました。子どものために一生懸命頑張っていた先輩だけに大変残念でした。先輩は辞めてしまい、こうした時に私が何かやれることがあったのではと考えてしまいました。どうしたら先輩の男性職員は辞めずに仕事を続けられたのでしょうか。

A 先輩からの助言

山路　英子
（天理教三重互助園副施設長）

　"再び"という文面からも施設内で何らかの性問題が、そう遠くない過去にも起こっていたことがわかります。担当職員の方も、その男の子の心身の回復を信じ、寄り添いながら日々奮闘してくださっていたのでしょうね。その熱心な関わりは決して間違っていないですし、きっと男の子のそれまで抱いていた大人に対する印象は多少なりとも変化が見られていたのではないかと想像します。ただ、それでもまた同じ失敗を繰り返してしまう子どもの不安や心の痛みは、私たちが想像するものよりもはるかに重くしんどいものであることが、そこからも窺い知ることができます。施設入所を余儀なくされた子どもたちは、それまでの生育歴やその子ども自身の抱えている生きにくさから、様々な症状や問題を生活の中で表出してきます。施設全体で他職種職員とも連携して丁寧にアセスメントを行っていく必要があります。必ずチームとしてアプローチをしていくことが不可欠です。それは多くのケースが長期的な対応を必要とし、諦めずに根気よく向き合っていく心構えと覚悟をもって支援していかなければならないからです。とはいえ、被虐待児や発達障害児の増加等によるケースの難しさが、支援の行き詰まりや、職員の自信の喪失、無力感と高い相関関係にあるともいわれており、それは職員の離職の大きな一因ともなってしまっている現状もあります。ケースの難しさに対しては、有意義なカンファレンスと、施設内にスーパーバイズを受ける体制があるかが一番の大事なポイントになります。子どもの事を誰よりも大切に思い関わり続けた先輩職員の退職に至った思いとは…もしあなたが先輩職員の立場だったら何がどうであれば退職せずに続けることを選択できたでしょうか。その子どものケースについて丁寧に読み解き、支援方針・支援内容をしっかりと施設全体で話し合い共有し、その支援を主任もしくはリーダーを中心として職員同士が連携し支えあえる体制の下で支援が行えていたならどうだったでしょう。それは職員の大きな安心感になり、職員の心にも少しゆとりもできたかもしれません。そのゆとりは、きっと子どもの存在そのものを認めてあげられる何気ない言葉や笑顔となり、「あなたはとても大切なんだよ」と伝えてあげられる温かい支援となります。小さな変化への早期の気づきやそれに伴う声掛けや配慮により、いい意味でいつも見守られているという安心を子どもも感じてくれることに繋がります。それは地道な繰り返しであり、時間も要する取り組みです。一進一退、時には想像以上に後退してしまうこともあるかもしれません。「その長い時間が子どもの回復には必要なんだ」とみんなで理解、共有して、何が起きても回復を信じて根気よく付き合っていくことを確認し、決して諦めずに支援を続けていくこと、それはチームとして支え合わなければできないことなのです。先輩の退職を無駄にしないためにも、職員一人ひとりの努力だけでなく、職員を守り、施設職員の育成し、続けられる職場作りに組織として早急に取り組むことを期待したいです。それが子どもの最善の利益にも繋がると思います。

Comment 【解説】 子どものことを考え、共に暮らす職員であるために

吉村　譲（岡崎女子大学教員）

　私は施設の職員の方と関わることがしばしばあります。私が出会う職員の方にはいろいろな人がいます。子どもとの関係で困難なことが生じていても、毎日の業務をプログラムされた工業用ロボットのように淡々とこなしていく人もいます。自分の業務が子どものことで滞ってしまったとき、あの子は発達障がいだから職員の指示どおりに行動できないとか、親から虐待を受けたからすぐに怒ってしまうのは仕方がないとか、自分自身を顧みることなく子どもの問題として納得する人もいます。

　私が訪問させていただく施設の中には、生き生きと活気に満ちている施設があります。そういう施設には子どものことでうまくいかないとき、子どものことを考え、どのようにしたらよいかを考える職員が必ずいます。そして職員自身が、自分の関わり方を見つめ、自分ができることを考えようとしています。このように子どものことに関心を向け、こころに留め、よりよくしていこうとする姿勢は、施設の職員として求められる最も基本的なことではないでしょうか。このようなことができる職員は、自分が困っていることに気づき、問題を解決していく努力をする人でもあります。

　けれども私たちが出会う施設の子どもたちは、自分自身でこういった問題を解決していく能力がとても乏しい子が多くいます。自分の内面に目を向け、自分が困っていることを考えるのが苦手な子が施設にはたくさんいます。このようなことができるようになるためには、特定な人との相互作用がとても大切であると言われています。赤ちゃんが泣いていると、お母さんはお腹が空いたのだろうか、眠いのだろうかとか、あれこれ考えるものです。そしてミルクを飲ませたり、抱っこして眠らせようとするなど、自分が考えついた解決方法を試みます。そうすると泣いていた赤ちゃんは泣き止み、落ち着いていきます。こういったやりとりを繰り返していくことで、互いに相手のことを理解し、相手に思いを馳せることができるようになっていきます。このことが、人が人と関わるときにはとても大切なことでもあります。けれども私たちの目の前に現れる子どもたちは、こういった経験をしっかり重ねてもらえなかった子ばかりです。そのため相手のことを思うことがうまくできず、自分自身を見つめることが苦手で、自分で問題を解決していく力が育っていない子になっているように思います。さらに施設の子どもたちは、職員の気持ちを逆撫でるようなこと言ったり、やったりします。不安感が強いために落ち着きなく動き回ったり、場違いな言動もしばしば出します。これらの行動から発達障がいを疑われる子もたくさんいます。また発達障がいと言われるような特徴を持っていた子が、不適切な関わりにより一層激しく表れるようになったりもします。

　施設で出会う子どもたちが自分を見つめてもらったり、相互に気持ちを通わしたりする経験が希薄であった子であることを私たちは頭の片隅に置き、子どものことをこころに留められる大人でなければなりません。そういう大人である私たちが子どもと関わることにより、子どもたちが自分に関心を持って関わってくれる大人が存在していることに気付けるようにしていくことが、

私たちの大きな役割だと思います。そうすることにより、大人を信頼できる子どもになっていけるのではないでしょうか。信頼関係ができることにより、子どもが困ったことを職員に話せるようになるとともに、職員も子どもと話しやすくなります。そのようになったとき、私たちが今、困ったことと捉えている問題はずいぶん減少するはずです。

　ここで紹介されているような困ったことは、信頼関係を作っていく過程で起きているのだと思います。困ったことばかりに目を向けていると、本来、大切にしなければならないことを忘れてしまうことがしばしばあります。そのため時々立ち止まって考えることが大切です。子どもとの困った問題を解決しようとするとき、内省能力、問題解決能力のある大人の側が手立てを考え、できることをやっていく方が早く改善すると思います。施設は職員と子どもが共に生活を創る場なのですから、できる人ができることを行うことで、よりよい生活環境に変えることができると思います。

僕の将来の夢

　ぼくの将来の夢はプロサッカー選手になることです。サッカーを始めたのは小学校一年生の時で、職員さんから教えてもらいました。サッカーを始めて続けようと思ったのは、施設の年上のサッカーが上手な女の子から、「サッカー上手だね」と褒められたからです。

　サッカーで楽しいのは、ドリブルで切り込んでシュートを打てるところです。決めたときにスカッとするのが気持ちいいのでサッカーがやりたいといつも思います。

　いつもの練習は、サッカークラブで練習するか、施設で練習します。サッカークラブでは、リーグ戦やトレーニングマッチ、施設ではクリスマスの時に開催される愛知県児童福祉施設が参加するフットサル大会に出ます。あと職員が企画してくれるフットサルの練習試合に出ます。たまに練習を休みたい時もあるけどいきます。

　サッカーの練習で上手くなることも大切だけど、勉強をがんばって高校にいくことやチームのメンバーと仲よくやっていくことも大切にしています。そして、物の管理とかあいさつとか、人として大切なことはちゃんとやらなきゃいけないと思っています。自分が大人になってプロになったときに、子どもたちのあこがれの選手になって、信用される選手でいたいからです。

　サッカーは一人じゃできないから、チームのメンバーだったり、おくりむかえしてくれる人がいたり、サッカーを教えてくれる人、おひるごはんにおにぎりを作ってくれる人、応援してくれる人、いろんなことを助けてくれる人がいるから、シュートを決められるとすごくうれしいです。

　将来は、クリスティアーノ・ロナウドやメッシみたいにドリブルが上手でシュートが決められる、海外で活やくできるサッカー選手になれるようにがんばりたいです。

「私の思い出の職員」

卒園生の作文　浅井　梨沙

　父親との関係不調により、中学３年生の時、児童養護施設に入所しました。私の暮らした施設はホーム制をとっており、１ホーム10数人の子どもと３〜４人の職員がいました。私はもともと人見知りで、集団というものが苦手だったので、ほとんど自室から出てくることができず、他の子どもや職員との関わりも避けていました。あまりに顔を出さないので、職員が部屋まで様子を見に来てくれ、外に連れ出そうとしてくれたこともありましたが、それも拒否していました。

　入所して半年ほど経ち、年度末になり職員の異動がありました。その時に私のホームに新しい職員Ａさんが来ました。Ａさんはいつでも、何でも気さくに話しかけてくれ、自然と私も打ち解けることができました。Ａさんのおかげで、同じホームの子どもや他の職員ともだんだんと関わることができるようになり、施設での生活が楽しいと思うようになりました。

　なぜＡさんにはあそこまで心を開くことができたのかと、今でも不思議に思います。しかしＡさんは、初対面からありのままの自分で関わってきてくれたように思います。とにかく明るくて、いつも笑顔で、少し抜けているところもありましたが、「子どもと関わることが本当に好きなんだなぁ」ということがすごく伝わってきました。他の職員も、子どもと関わっている時間が本当に楽しそうで、そんな姿を見ているうちに、私も将来は社会的養護の下で生活する子どもと関わる職場で働きたいと思うようになりました。

　現在Ａさんは施設を退職してしまいましたが、時々連絡を取り合っています。Ａさんだけでなく、同じホームにいた卒園生や職員と定期的に食事に行って、お互いの近況報告や悩み等を相談しています。施設を退所しても、このような関係を続けられることは本当にうれしいし、何かあった時の相談相手として一番に頭に浮かぶのは施設の職員です。Ａさんが私のホームに来ていなかったら、施設での生活は辛いものだったと思うし、将来の夢も違うものになっていたと思います。Ａさんに出会えて本当によかったと思います。現在私は自立援助ホームで働いていますが、子どもたちに「この人に出会えてよかった」と思ってもらえるような関わりができるよう、日々精進していきたいです。

第2部

性の問題

今までの生活と将来の夢

　僕は2歳のころ学園にきました。小さいころなのであまり覚えていません。今は小学校6年生で、あっという間に中学1年生になります。僕はまだ何の部活動に入るか決めていません。僕は中学校に入るのがとても楽しみです。僕はイライラして暴力を振るったことがありました。もちろん反省文を書いたり、廊下掃除を行いましたが、僕のことについてみんなで話し合われました。僕はそれを今でも覚えています。その時のことを考えたら、相手がどんな気持ちかよくわかります。僕はイライラしたら溜め込まずに職員に言ったり学校のことは先生に言ったりします。

　将来は、高校まで学園にいて学校での勉強をきちんとして、アルバイトも頑張って、学園や高校を卒業し、就職したいです。僕はまだ小学生で、もうすぐ中学生になるけれど、あまり就職の意味をわかっていません。でも高校生になるとわかると思います。就職の願いが叶いますように。

男の子同士の"いちゃつき"を
どう考えていいのか悩んでいます

　私は児童養護施設で働き始めて1年目の職員です。私の施設は幼児棟、男子棟、女子棟に分かれていて、私は男子棟で働いています。生活空間は基本的に勝手に行き来はできないようになっています。先日の深夜、私が男子棟の宿直をしていた時、洋式トイレの一番奥の個室でガサゴソガサガサ楽しそうな声が聞こえてくるので、これはおかしいなと思い、建物の裏に回りトイレの窓から覗き込んだところ、小学3年生のサブロウくんの陰部を小学五年生のセイイチくんがなめていて、それを3人の子が見ていました。私が「何をやっているんだ、やめなさい」と声をかけたところ、みんな笑いながら走って部屋に戻ってしまいました。

　引き継ぎの時にこのことを報告したところ、他の職員からは「そんなことは見たことがない」と言われ、私の話を真剣に取り上げてもらえませんでした。私の施設では男の子同士が普段から"いちゃつく"のが好きで、よく体を触り合ったりしてはしゃいでいます。夜間も友達の布団に潜り込んで何やら楽しそうにしていることが日常茶飯事です。私はこういったことが気になるのですが、どこから性の問題としてとらえてよいのかがわかりません。夜間、新人職員の私が一人でどうやって男の子達のこういった行為に向き合うべきなのかわかりません。私は今後どうしていったらよいのでしょうか。

A 先輩からの助言　●●● 中屋　浩二
（梅ヶ丘学園施設長）

　集団生活という閉塞的な環境にある施設において、今や性の問題は大半の施設が同様の悩みを抱えていることは周知の事実となっています。性の問題も暴力問題と同様に顕在化したものが全てではなく、潜在化しているものがあることを前提に備えていく必要があります。このケースの場合、性器を舐める場面を職員が見ているわけですから、重大な性問題として取り上げ、施設長まで情報をあげるべき案件となります。施設長はこれを児相や所轄官庁、関係児童の保護者等に報告しなければなりません。そして全児童に対し、調査をすぐに開始するという流れをつくらなくてはなりません。こうした緊張感のある流れがそれまでの職員、子どもの認識を改め、予防にもつなげていくことになります。

　さて、子どもの性行動について、どこからを問題（不適切）とするかですが、年齢相応の正常な性行動から、性暴力に至るまでの間には、かなり広範囲のグレーゾーンがあります。大丈夫であろうと思っていた性行動を放置していたがために、結果として大きな問題に発展してしまうこともあるわけです。だからこそ悩ましいわけですが、指導場面での混乱が生じないためにも、施設としての基準を設け、対応のあり方についても全職員、全児童の間で共通認識をもっておく必要があります。さらに子どもの対人関係に課題（支配服従の関係性など）がないかを点検することも大切です。

　子どもは心地良さを求める余り、他者にどう思われるかの自意識に欠け、結果を想像することが困難という特性を持ちます。そんな子どもが集団化していくと、ますます問題意識が鈍化し、職員が注意するといった程度では修正が利かなくなってしまいます。そこでプラベートパーツは自分だけの大切なもの、パーソナルスペースを守ることで安心・安全を守る、など教育していくことが大切です。また、このような基準が守れないと、性問題が発生し（過去あったことを事実として伝える）、自分たちだけでなく、多くの人たちを巻き込み、悲しんだり、恐怖を与えたり、嫌な思いをする人が出てしまうことを説明し、視野を広げていきます。

　死角対策、聞き取り調査など継続的な支援を実施しつつ、子どもができていることは褒め共に喜び、ルールから外れた事があれば、夜間であっても職員に緊急招集をかけ緊張感を持って組織的に対応していく等、メリハリの効いた対応が望まれます。

宿直中に起きた性問題への対応に困っています

　私が宿直で寝ているとき、小学6年生のマサルくんと、小学5年生のミサトちゃんが部屋からこっそり出て、「ねえねえ、やろう」と子ども同士が誘い合って、園内のトイレで、お互いの性器を触り合ったり、隙間に手を入れて陰部を触ったりしているところを見つけました。
　マサルくんは入所前、父親と母親の性行為を近くで見ていたようです。知的発達にも少し遅れがあります。マサルくんはこれまでも何度か性問題を起こしています。ミサトちゃんも発達に少し偏りがあり、とても性に興味をもっていて、誘われたら「いいよ」と応えてしまう女の子です。
　これまで私も含め宿直の職員は、幼児さんの部屋で寝ていたため気付くことができませんでした。このことがあってから、宿直の職員は学童の部屋で寝ることになりました。
　私は性問題について対応するための学習をしてきていません。そのためこのような子どもたちの性問題が生じたとき、どのように対応すればよいのかがわかりません。こういった性問題に私たちはどのように向き合えばよいのか、知りたいです。

A 先輩からの助言　　　　●●●　　中屋　浩二
（梅ヶ丘学園施設長）

　性行動は、多くの子どもの正常な発達過程に見られるものです。小学生高学年であれば二次性徴が始まる頃で、体の変化と共に異性を意識し、性衝動が高まってきてもおかしくない時期です。特に男の子は女の子からアプローチをかけられたりすると、しっかりした子でも自制心が揺らいでしまうので、ミサトちゃんの態度も本当に受動的であるといえるのかも含め、確認しておく必要があるでしょう。それにしてもマサルくんように、実際に異性にアプローチをかけ、性的行為に及び、同じ問題を繰り返す姿は、両親の性行為を見ていたり、知的な遅れや、愛着対象から受けるべき愛情の欠如など、要因が複雑に入り組んでいることがうかがえます。

　さて対策についてですが、こういう異性の問題が発覚した時、職員は慌てふためいて頭ごなしに叱りつけ、死角対策（勿論、これも重要）を図ることだけに注視がいきがちになってしまいます。大人が嫌悪感のまなざしで叱りつけていると、子どもにとってはマイナスの自己イメージとなり、その後の「自分も他人も大切に」という性教育における本質が揺らぐため、注意が必要です。子ども自身と、その「行動」を切り分けて、何がいけなかったのか、どうすればよいのかを子どもと一緒に（マサルくんだけでなく、ミサトちゃんも）考えていきます。

　具体的支援の一例を挙げます。異性に恋愛感情を抱くことや、性的な欲求を持つことはごく自然なこととして肯定し、マサルくんは両親の性行為を見てしまっていることからも、その時の気持ちを確認しながら、何があったかを意味づけしていきます。例えば、性行為は愛し合っている大人だけが成せる行為であり、単なる性的な欲求として処理されていくべきものではないこと、プライベートパーツは自分だけの大切なものであり、触ったり、触らせたり、見せたり、見られるなどのことがあってはならないこと、性的な欲求は他人に迷惑をかけずに発散させるべきもので、その方法も段階を踏み、ルール化して教えていくといったことです。枠組みができたら、その後、ルールが守れているかを定期的にモニタリングしていきます。それは管理というよりは、その後のがんばりを認めていくためであり、自己肯定感を高めつつ、行動修正につなげていくという視点で継続的な関わりを持ちます。

性非行に挑発される子どもにどう向き合えばいいでしょうか

　私の担当している中学1年生のサダコさんは、他の児童養護施設で性被害を受けて、最近当園に措置変更されてきました。夕食後、自分の部屋の扉を閉めて同室の中学1年のリョウコさん、小学6年のユウコさんとテレビゲームの罰ゲームとして裸になったり、キスをしたりしてはしゃいでいたところを職員がみつけました。その後、子どもたちの話を聞いていくと主導したのはリョウコさんで、同様のゲームはよく行われていることがわかりました。

　サダコさんは体の露出度が高い服を着ており、また誰とでもすぐに仲良くなれます。また、断れないタイプの子どもで、相手の要求にはあまり考えずに何でも応じてしまいます。サダコさんの担当職員の私は事件後その件について、彼女と話し合いました。そして私は、「たとえ同性であっても、このような遊びの誘いに乗るのはよくないよ」と伝えました。するとサダコさんは、「リョウコが誘ってきたのでやったの。リョウコはすぐに怒るから仕方がないじゃないの」と答えました。みんなの話ではたしかにリョウコさんが中心になってやったことですが、サダコさんも場を盛り上げていたとのことでした。けれどもサダコさん自身にこの出来事に対する当事者意識が欠けていると感じました。

　性被害を受けてきたサダコさんの成育歴を考えると、受け身の姿勢は仕方がない部分がありますが、この遊びを主導したリョウコさんと一緒にはしゃいでいたサダコさんの態度もこの性的な遊びを助長しているわけですから、サダコさんにも問題があることに気づいてもらいたいと思います。サダコさんの担当としてこの出来事をどう考え、どう向き合っていけばいいのでしょうか。

A 先輩からの助言　●●●　川上　知幸
（金城学院大学非常勤講師）

　このような場面に遭遇すると「エスカレートするのではないか」と不安や焦りでいっぱいになりますね。まずは、他の職員に相談し、情報を共有して一緒に考えてもらいましょう。そうすることで、頭も心も整理され冷静な判断ができるようになります。また、性に関する問題であり複数の子どもが関わっているため、チームで対応することが鉄則です。リョウコさんへの対応を先輩職員にお願いすることも一つでしょう。

　サダコさんは、どうしてリョウコさんの誘いを断れないのでしょうか。一緒になって性的な遊びを助長してしまうのは「リョウコはすぐに怒るから」という理由だけではないような気がします。大変な境遇の中で生きるために身につけてきた方法なのかもしれません。私たちは、サダコさんの行動をやめさせることよりも先に、サダコさんが抱えている苦しみや困難に、目を向けようとすることが大切だと思います。そして、これまで何とか生きてきた彼女の頑張り（歴史）を少しでも知り、温かい『まなざし』を持つことです。

　施設の現場は人手不足などの複雑な事情を抱えており、ただ「寄り添う」「見守る」だけでは成り立たない場面もあります。時に、厳しく指導することで、その場を収めなくてはならないこともあるでしょう。施設によって方針も様々です。対応する職員の個性によっても違うでしょう。しかし、どのような対応をしたとしても、子どもに向ける『まなざし』は正しく、温かくなければなりません。子どもに同じ言葉を投げかけたとしても、伝わるものが異なると私は信じています。

　サダコさんは辛い体験をして、ここに来たばかりの子どもです。担当の役割として最も大切なことは、サダコさんを知り、共感し、生きてきた歴史を丸ごと認めることです。そしてその姿勢から、サダコさんが「私は大事にされている」と感じることが何よりも大切です。

　「同じようなことを前にも見た（聞いた）（された）ことがあるの？」「続けてしまうと、あなたがまた傷つくことになってしまうかもしれない。やめられるように何ができるか一緒に考えたいよ」という投げかけが、まず必要かもしれません。

　性被害の傷つきは簡単に癒えるものではありません。毎日の生活の中で、丁寧にお世話され大事にされる感覚を地道に積み重ねることしかありません。性教育や心理治療は、そのベースがあって初めて意味があります。逆に言えば、あなたの日々の支援がとても意義深いものなのです。

少し発達に遅れがある子の恋愛について悩んでいます

　エミちゃんは、療育手帳を持っている特別支援学校の高等部に通う女の子です。彼女もずいぶん成長し、異性に好意を持つようになり、恋愛もするようになりました。そして私たちも知らない間に同じ学校に通う彼氏ができたようです。彼女はそのことをずっと黙っていて、ときどき行き先をうそついては出かけ、彼氏と遊んでいたことが最近わかりました。

　私の施設やエミちゃんが通っている特別支援学校は、恋愛については寛容ではなく、厳しく管理しています。それは障がい児同士の恋愛は性的問題が起きやすいためのようです。エミちゃんが、うそをついて出かけたことやキスをしたことが、特別支援学校に通う生徒同士ということもあり、問題が大きくなってしまいました。エミちゃんは、自分の障がいについて自覚はなく、「普通の子」だと思っています。彼女は「他の子だって好きな子ができたら、キスしたりしているのに、私だけどうしてそんなに言われなくてはいけないの？」といったことを話します。とりあえず私は、恋愛に関してより、「うそをつくと信用を失うからね」と、うそをついたことについて話しました。けれどもこのままではよくないと思います。どのように彼女と向き合っていったらよいのか戸惑っています。

A 先輩からの助言

木全　和巳
（日本福祉大学教員）

「彼氏」がいるなんて、とても素敵ですね。本人は、おとなの女性になりゆくひととして、確かに成長していることを、うんと評価してあげましょう。そして、女性のおとなになるために、月経、妊娠、避妊などの自分のからだのしくみ、自分だけではない、男性のからだのしくみ、恋するこころ、男性の性欲、自分の機能障がい、生い立ち、そして、おしゃれや付き合い方など、他の子どもたちともいっしょに学び合いましょう。

「特別支援学校」には、施設としてきちんと申し入れをするとよいと思います。「子どもの権利条約」「障害者権利条約」「障害者基本法」「障害者差別解消法」、どう考えても、「恋愛を禁止すること」「厳しく管理すること」は、「人権の侵害」です。「からだとこころの学習」を学校でも行うことへの協力を求めましょう。こうした学びは、おとなになっていくために、誰にも必要なことですから。

「性的問題」は、おとなになってから、無知で起こるよりも、高校時代に起きた方が、支援の人たちがたくさんいるだけ、対応が簡単です。そして、子どもたちは、失敗を通して、学びます。失敗は、叱らず、なぜこうなったのかをいっしょにふりかえりながら、学びましょう。「ダメ」は支援者としては禁句です。「ダメ」だけでは、伝わりません。

「キス」も、「どう、思い出に残る素敵なキスだった？」と、話を聴いてあげましょう。「どうしてわたしだけ」。こうしたことを言ってもらえることは、よい関係があるからですね。「ほんとうに、そうだよね」と肯定しましょう。そして、「どうしてだろう？」といっしょに考えることができると良いですね。「うそ」には理由があるもの。「うそをつくと信用をなくすよ」ではなく、「うそをつかなくても大丈夫」と言ってあげましょう。

「心配」は、支援者としての心配ですね。「心配の押し売り」は、青年たちのこころに届きません。こんな時は、支援者の「心配」と本人の「言い分」とをどちらもホワイトボードに絵入りで書いて、どう思うと、対話を重ねて、納得のできるおりあいをつける力をお互いにつけていくことも必要です。

「彼女と向き合う」とありますが、もう「向き合う」必要はありません。あくまでも「彼女に寄り添う」という「立ち位置」が大切です。「問題と人とを分けて考える」ようにすることです。「困った子ども」ではなく、「困っている子ども」です。そして、あくまでも本人が困っている「課題」を「見える化」して、事実を確認して、原因と方法をいっしょに「研究」しながら、解決できるとよいですね。

Q13 性に対する子どもとの見解の相違に悩んでいます

　お互い入所して間もない時期に、私の担当の高校2年生のタロウくんが中学1年生のハナコさんと施設の中の障害者用のトイレで抱き合っていました。そこでタロウくんと面接を行うことにしました。私は「この施設では身体接触をするような男女交際は健全なものとは認められない。節度ある交際を行いなさい」と話しました。すると、タロウくんは「セックスまで行ってしまえば問題だけれども、キスとか抱き合うというのは双方の合意があればいいじゃないか。友達もみんなやっているし、健全な愛情表現だろう。施設に暮らしているから管理されるのは問題だ。いけないというのであれば法的根拠を示してくれ」と言い返されてしまいました。そこで法律を調べてみると女性が不利益をこうむれば強姦罪が成立するとありましたが、双方の合意の上でのキスや抱き合うことについてはどう考えていいのかがわかりません。

　その後、このことについて調べていくと、ハナコさんがタロウくんを誘って起こしたことが明らかとなりました。タロウくんが自発的に性非行を行ったわけではなく、巻き込まれたことがわかりました。そうするとタロウくんに罪の意識がないことも仕方のないことかもしれません。子どもたちに施設生活における守らなければいけないルールを伝えるのは難しいことです。施設における青少年の恋愛や愛情表現についてどう考え、どう話していけばよいのかがわからないので教えてください。

A 先輩からの助言

川岸　慰隆
（いせ子どもの家副主任）

　施設内における恋愛については、職員間でも意見が分かれ、考え方が定まりにくいことだと思います。こういった職員としての考え方を明確にしにくい内容に関して、ありがちなことは「その行為はダメ」と行動の規制を子どもに促し、私たちの目の前で、ことが起こらないことに終始することに陥りやすいと思います。「キス、抱き合うことはダメ」「法律で決まっているから」という職員側の都合の良い言葉で、子どもたちとやりとりしても、その場では、子どもたちは「わかった」と言っても、私たちの目の届かない場所や、隠れて行うだけで、本質的な解決にはならないと思います。このような問題提起が、子どもたちから表現されたときは、職員間でしっかりと考え、子どもたちに考え方を伝えていくよい機会であると捉えることが前提であると思います。

　施設内における恋愛について考えるにあたり、着目しておくこととして、その対象を選ぶ「狭さ」です。施設内で衣食住をともにし、家族ではないが家族のような小集団のなかで、恋愛対象を選ぶ「狭さ」。学校や塾、アルバイト先などで人と出会う機会がありながら、あえて、施設内でその対象を選ぶ考え方については、子どもたちとやりとりをする必要があると思います。また、「相手を大切に想う、考える」とは、どういうことなのか、子どもたちと話し合う機会でもあると思います。人を好きになるということは、心も成長する機会だと思います。「相手を大切な人物」と選んだ、選ばれたあなたは、どのような考え方をもち、相手にふるまうことが望ましいことなのかをしっかりと子どもたちと議論することが、重要な過程であると考えています。

**思春期で関係の取りにくくなった子どもの
性非行の指導について教えてください**

　私の担当する高校3年生のイチロウくんのことで困っています。イチロウくんは職員の言うことは何でも素直に従ういい子で、小さいころから野球を頑張っていて、野球が中心のまじめな生活をしていました。そんなイチロウくんは勉強も頑張り、よい高校に進学することができました。もちろん高校でも野球部で活躍し、2年生で甲子園に行けるようなチームのベンチ入りするぐらいの選手に成長しました。
　私の施設ではイチロウくんのこうした頑張りに対して物品などの報酬を与え動機付けを強めるという支援を続けてきました。しかしイチロウくんは高校生になり自立を考えてゆく時期となりました。退園後このような物品による報酬はできないので与えることをやめて、イチロウくんを褒めることにしました。けれどもイチロウくんはこの変更に対して「これまで黙って職員の言いなりに頑張ってきて、いい学校に進学して野球部でもベンチ入りを果たしたのにこの仕打ちは何だ。俺は今まで何のために頑張ってきたと思っているんだ。とんでもない裏切り行為だ。もうお前たちの言いなりにはならないぞ。」と強い抵抗を示しました。その後、生活態度が悪くなり、男性職員を殴る蹴る、廊下で通りがかった友達を蹴り倒すなどの暴力行為、女性職員のトイレやお風呂を盗み見する、事務所の金庫を開いて金銭を奪うといった問題行動が頻発しました。さらに修学旅行で女子生徒にわいせつ行為を働き、部活動も停止となりました。
　思春期は性への目覚めの時期でもあります。このように担当児童とのコミュニケーションが難しくなった状態で性指導をどうしたらいいのかを教えてください。

A 先輩からの助言　　●●●　川岸　慰隆
（いせ子どもの家副主任）

　イチロウくんが、「素直ないい子」というのは、職員の言うことには従うという意味ではそうだったのかもしれません。野球を中心に、しっかりとした生活を送ったことは、彼の成長につながっているはずです。しかし、高校3年生にいたるまでの生活の中で、本当は複雑な心情を抱え、荒れる気持ちを抑えて、または、隠していたのかもしれないと考えることが必要だと思います。荒れる気持ちをそばでしっかりと聴き、この人なら支えてくれると思える人物が彼には必要だったのだと思います。「気持ちが荒れてもいい、その気持ちをしっかりと私は聴くよ」といった姿勢で、私たちはかかわりたいと思います。物がもらえなくなったことへの怒りはきっかけにしかすぎず、高校3年生という節目の時期になり、社会で自立・自活していくことへの不安と同時に、今まで表現できずにいた心情が、いっきにあふれ出て、自分自身でもコントロールが効かないほど問題のある行動で表現しているように思います。子どもから「黙っていいなりになってきた」という言葉がありますが、では、本当はどうしたかったのか？子ども自身の意思・考えを職員がかかわり、言葉にし、明確にしていく必要があると考えます。それは、職員が、子どもの気持ちを察し、代弁しながら、気持ちを引き出して、明確にしていくことだと思います。

　暴力、盗撮、窃盗、わいせつなど許されない行動については、どのような事情があってもやめさせる必要があります。本児と職員がやりとりをし、それでもおさまらないならば、警察の介入を考える必要があります。しかし、いくら警察権力でもって行動を制限しても、本題の本児のニーズは解決されません。「性非行の指導」といった考え方ではなく、その裏側にある本児の気持ちの理解をする姿勢が私たちには必要なのだと考えます。そのためには、誰かが、本腰になり、本児にかかわり、その主たる人物を支える職員間のチームワークが大切だと考えています。

15 性非行が発生した時の児童相談所との連携について教えてください

　私の担当の中学１年生のジロウくんが同じユニットの小学六年生のスズコさんと性的な接触があったようなことを同室の小学６年生のヨウコさんから聞きました。児童相談所に相談したところ、「性問題は施設全体に広がるものだから、まずは全員に聞き取りして情報収集を行い、その内容の事実確認を全員に取った上で報告書を提出してください」と言われました。関係する全員から聞き取りを行い、報告書を作成するのに一か月かかりました。毎日の生活を子どもたちとしながら、頑張って報告書を作ったのですが、すべて事実関係をきちんと確認することはできず、あいまいな結論に至った報告書を児童相談所に提出しました。二週間後、児童相談所からは「今の状況のままで継続して見てくれませんか」との回答を得ました。

　それぞれのユニットの年齢構成を考えると、ジロウくんを移動できそうなユニットが一つありました。けれどもユニット間の子どもの移動は何も問題がない場合でもお互いの合意を取ることは難しいものです。今回のように性問題を伴う子どもの移動はなおさら大変です。移行をお願いしたユニットの職員から「うちは進学を控えて受験勉強中の女子生徒がいるのでその子の勉強を妨げるようなことはやめてほしい」と断られてしまいました。その間、ジロウくんとスズコさんはずっと一緒に生活している状態になってしまいました。ジロウくんは、そうしている間に今度はヨウコさんにもちょっかいをかけているという噂も聞こえてきました。そこで私たちは不安になり、児童相談所の回答とは異なりますが、家庭引き取りの条件が整ってはいないとわかりつつも、ジロウくんのお母さんに事情を話し、家庭に引き取ってもらうことにしました。他に良い方法があったのではないかと今でも考えさせられることがあります。

A　先輩からの助言　　　石田　公一
（元児童相談所長）

　集団生活を余儀なくされる施設での生活では、集団生活故におきやすい子ども同士の問題の中でも、性的な問題は最も対応の難しい問題です。この事例の場合には、性的な問題を把握した直後に児童相談所に相談したことは、関係機関を含めてオープンに問題に対処する上では適切な対応でした。ところが児童相談所は、施設に全員調査とその報告を指示したに止まっており、施設側が「あいまいな結論」と考える報告であったにもかかわらず、現状維持での処遇を指示しています。施設が心得ていた方がよいのは、児童相談所は施設の処遇ノウハウに必ずしも精通しているとは言えず、その施設の対応内容までの助言ができるとは限らないことです。

　子どもの被害感や他の女児の不安感を考えると早急な対処が必要と思われますが、結果的に児童相談所の回答までには一か月半を要しています。施設側の対応を急ぎたい気持ちや、納得できる結論を導き出せなかったという思いを児童相談所と繰り返しコミュニケーションを取ることで、児童相談所の対応はきめ細かくなる可能性はあると思われます。そう考えると、施設からある意味"丸投げ"状態でアドバイスを求めるのは適当ではないと言えます。

　こうした事案で必要な対応と思われるのは、例えば、①加害児の分離・ケア（一時保護も含む）、②被害児の安全確保とケア、③他児の被害・加害防止、④児童相談所・学校・実親などとの情報共有、⑤施設全体としての子どもへの性教育（ＣＡＰ等含む）の実施、⑥職員の性問題対応学習などが考えられます。性教育については全性協などですでに体系化された方法があると聞くところです。施設自体が一定の対応方針を整理した上で、児童相談所のトータルな対応方針に加え、子どもの一時保護や心理ケアを担ってもらうなど、専門的な役割を果たしてもらう検討を依頼することは有効と思われます。

【解説】 児童養護施設で生活する子どもたちと性と生の支援

木全 和巳（日本福祉大学教員）

　私が、性と生の学びで一番大切にしていることは、自分のからだとこころが大切に思えるような自分を育てていくことです。「**大切なわたし**」です。「**自己肯定**」の感覚です。児童養護施設で生活をしているなかでの虐待のため、愛着形成に課題があったり、また、発達に障がいがあったりしても、ここも含めて「大切なわたし」という感覚です。この感覚があって、他者を「大切なあなた」として、はじめて尊重できるようになります。そのために、①からだとこころの**科学の知識**、②かけがえなさとしあわせを求めるための**人権という価値**、そして、③「男女」問わず多様なセクシュアリティをもつ人と人とが共に生きるという**共生の思想**、そして、④人として、すっくとひとり立ちしていく**自立と自律**に向けての発達のための**学習と教育**が必要になります。

　機能障がいのある子どもたち、青年たちに対して、性と生の支援実践に取り組んでいる施設職員から寄せられる困難な課題として、単なる知的機能障がいによる認識機能の発達の遅れや自閉性障がいによる感覚機能の混乱による支援の困難ではなく、愛着機能の不全による支援の困難が重なった事例が多く出されるようになりました。

　彼ら彼女らが、生い立ちのなかで、まるごと受けとめられず、常にきょうだいや同級生などの他者たちとの比較のなかで育てられ、ときに虐待を受けたり、いじめの被害者となり、深く傷ついた状態から癒やされておらず、そのために過度な性的接触を求めてくるような状況に対してどのように実践的に向き合っていったらよいのかという事例です。

　現在、格差が広がり貧困が増えていくなかで、〈親密な関係における暴力〉にさらされる子どもたちが増加しています。育む－育つ、教える－学ぶという「信頼」や「安心」を必要とする人間関係のなかで起こっていることが特徴です。

　意図的、意識的ではなく、よかれと思っている、励ましているつもりであっても、子どもたちは、深く傷ついています。自分が自分であってよいという自己存在が肯定されないまま、将来への見通しのなさという不安を抱え、自信がなく、少し頼れそうな支援者に対して、過度の依存を示す子どもたち、青年たちです。

　第二の誕生とも呼ばれる思春期。おとなへのからだの変化が起こり、こうした変化をこころで受けとめながら、こころも変わっていきます。おとなになりゆくプロセスの中でも、劇的です。思春期は、「不安の時代」です。これは、ホルモンの作用によるものです。

　ヴィゴツキーは、思春期をさなぎにたとえました。ちなみにさなぎを開けてみると、なかなかどろどろの状態です。子どものかたちを一度溶かして、おとなのかたちを作ります。自分でも自分がわからない状態をよくあらわしています。おとなのからだとこころを作り直す作業を懸命にしているのです。からだの変化から起こる性へのめざめ。自分自身のからだとこころに関心が向かうとは当然であり、同時に性的な関心の対象にも、注意が向いていきます。

　こうしたからだの変化を受けとめるとともに、自分は、いったい誰で、何が得意で、どのような仕事をしながら、どんなおとなになりたいのか。こんな自問自答を繰り返します。「なぜ施設で暮らしてるのか」も含め、父・母をおとなの男・女として捉え返し、これまでの自分の生き方

を振り返り、これからどのように生きていったら良いのかを悩みます。性的な衝動をからだの内側に感じつつ、他者からのまなざしをうっとおしく思いつつも過敏ともいえる感受性で受けとめながら、いままでの自分を材料にしつつ、新しい自分を作り直していくのです。一人、部屋などで秘密をもちつつ、自分を確認しながら行う自慰は、思春期・青年期にとって、大切な営みとなります。

　青年たちは、からだの成長としての二次性徴を終えていますが、自分や異性のからだとこころの変化について、まだまだ学びが深まっていません。性の商品化や暴力化というポルノ文化の影響を強く受けていること、機能障がいがあるために自己肯定感を十分に育まれておらず、他者との比較のまなざしやいじめなどの体験によってこころの傷つきを抱えています。これらに貧困な生活と虐待といった生い立ちが重なり、愛着の形成が不十分なため、過度な性的接触や性的行動が出ていること、自身の機能障がいや社会的障壁（バリア）についての学習も不足しており機能障がいや障がいの理解と受けとめに困難があること、特に性的虐待の事例などは抱え込まずきめこまやかなつながりを作りながら支援をしていくこと、信頼できる人と安心できる場で自分が出せること、実践にはダンスなどのときめきや楽しさが必要なことなどが、事例と実践を通して確認されてきました。

　こうした事例と実践を通して確認できた一番大切なことは、「ふれあいの文化の教育的な保障が『過度な性的接触』を解消していく方法になりゆくこと」の確認です。『過度な性的接触』は、教員や職員へのべたべた、おさわり、子ども同士の支配関係なども含めた性的接触、親と子のべたべた甘えなど、同意や合意のない性的接触ことです。報告されてきた子どもたちの多くは、自分と他者への基本的信頼感と安心感の獲得の欠如である何らかの愛着形成の不全を抱えていました。子どもたちに特有な「浅くてベッタリした関係」を「ふれあいの文化」の保障を通して「深くてアッサリした関係」へ変えていく実践が必要です。人間的な自立の過程のなかで、一方的な依存、支配的依存（従属）から、相互依存への組み替えの課題ともいえます。青年期には、成人期に至っても、こうした課題が積み残されていることが多いため、このふれあいの文化の保障に焦点をあてた実践をどのように創造して、現場に根付かせていくかということが課題となっています。

　いかに困難な現状であっても、施設の中で、学校とも共同しつつ、地域の保健所などの協力もえながら、子どもたちとともに学びを創りながら、「子どもの最善の利益」の視点で、地道に大胆に実践をし続けること以外、解決への道はありません。

　私が共に学び、支援している、ある「障害児施設」では、「親に虐待を受け、捨てられても、知的しょうがいがあっても、万引きしても、性のトラブルを起こしても、あなたのことを大切に思う」というメッセージをどのように子どもたちに伝えるのかが性教育実践のテーマとなっています。「それでもやっぱりあなたが好き」ということばに集約されています。自分と他者に対する信頼感覚を取り戻し、自分に関することは自分で決めることができるように配慮し、他者たちから認められる出番をもうけ、具体的にからだを動かし、豊かな文化を媒介にした実体験を重ねながら、仲間たちとともに性と生を学びあうという実践の創造です。

　誰にとっても、たった一つの〈いのち〉、一度切りの〈人生〉、取り戻せない〈生活〉。何よりも困っていて支援や教育を求めているのは、当事者の子どもたちです。

「私の思い出の職員」

卒園生の作文　藤田　明日果（日本福祉大学学生）

　私は、小学4年生から高校卒業までの9年間を児童養護施設で生活してきました。この生活の中で出会った児童相談所の児童福祉司さんや心理士さん、そして施設の職員さんの、熱意を持ち、一生懸命に動く姿を見て、私もそれに続きたいと思い、現在、日本福祉大学で学んでいます。今回は、長い施設生活のなかでも特に印象に残っている職員さんについて、書こうと思います。

　私の思い出の職員さんは、高校1年生から退所まで担当だったAさんです。入所中、3回ほど担当が変わり、どの職員さんもとても思い出深いのですが、施設を退所するまで共に歩んだAさんは、特に思い出深いです。施設退所は、児童養護施設で暮らしてきた子どもの一大イベントとも言えます。就職するか進学するか、家庭復帰するのか、自立するのか、児童養護施設の子どものほとんどは、高校を卒業すれば施設を退所します。そのため将来のことや自分の家庭環境について、向き合わなければなりません。そのとき職員さんの力なくしては、難しい問題だと思います。私の場合、就職ではなく大学進学、できるならば親に縛られず一人暮らしがしたい、というのが私の希望でした。しかし唯一の家族である父は大学進学には大反対でした。学費の捻出や退所後の生活の場をどうするかが課題でした。週に一度、父のもとへ帰省していましたが、感情はあまり出さず、心を開いているとは言いにくい状況でした。しかし、私の希望を第一に考えてくれたAさんは、奨学金を調べて整理し、父に説明してくれました。難しい提出書類があれば手伝ってくれたり、私の部屋の机にこっそりと励ましの手紙を置いてくれるなど、私の背中を押してくれました。時には、Aさんをはじめ、園長、学校の担当教員、児童福祉司、心理士のみなさんが協力して、父を説得してくれることもありました。一人暮らしという希望は叶いませんでしたが、大学進学をすることは出来ました。「私はひとりではない」、「自分自身を守るために人とつながって行く力が必要」、「自分が変われば周りが変わる」、これらはAさんと共に将来のために向き合っていく中で気付き、学んだことです。おかげで、ゼミの友人、先生、サークルの友人、先輩、後輩、社会的養護当事者の皆さんなど、現在では沢山のご縁に恵まれています。

　施設退所後も、Aさんとごはんやお茶に行くことがたまにあります。最近悩んでいること、充実した大学生活をAさんに話すことが私の中では楽しみであり、お礼であり、プレゼントだと思っています。

第3部

職員集団

今までの生活と将来の夢

　私は小学校6年生です。先生や友達や家族に励ましてもらって、6年生になりました。小学校はとても楽しいです。でも時々悲しいときもあります。中学生になると友達と違うクラスになるけれど、楽しみとドキドキがいっぱいです。

　将来の夢はパティシエになることです。パティシエになりたい理由は、手づくりが好きだからです。夢を叶えるために勉強したいです。今は勉強が苦手で、みんなと喧嘩したり嫌になってしまってたいへんだけど、すぐ仲直りが出来ます。勉強を頑張って、友達を大切にしたいと思います。みんなと仲よく楽しい小学校生活を楽しみたいです。

16 夜勤はとてもたいへんです

　私が就職して最も困難だと感じたことは、夜勤のことです。
　私の施設の夜の勤務時間は16時から翌日の10時となっています。そして22時から翌日7時までは、各クラス1人ずつの計2人の体制で夜勤を行っています。しかし今年は0歳児の入所が非常に多く、私が担当する0歳児は最高12人となり、夜はその人数を1人で見なければなりませんでした。ミルクのピークの時間がやっと終わったと思った直後には、子どもが長起きしたりして休む時間もままなりませんでした。午前7時になり、早番で来た先輩に夜勤が辛いと泣いて打ち明けたこともありました。すると先輩も夜勤が辛いと思っていると話してくれました。そこで他の職員にも話してみると、辛いのは私だけでなく、多くの職員が感じていることがわかりました。そこで職員全員で話し合い、2か月間、夜勤を16時から深夜1時（以下「入」とします）と深夜0時45分から翌朝9時45分（以下「明」とします）の3交替制で試してみることになりました。
　一か月目は「入」「入」または「明」「明」と勤務が続くというシフトでやってみました。勤務時間が短くなり、楽に感じる面もありましたが、「明」「明」の勤務は"また今夜も出勤しなければならないのか"という気持ちになり、帰宅してもしっかりと休むことができませんでした。また、夜中に出勤・退勤することも物騒であると感じました。さらに私事ですが、この時期から家族の体の具合が悪くなり病院に通うことが多くなり落ち着かない日々が続きました。
　二か月目はさらに話し合いをし、「入」と「明」がランダムに入る勤務にしました。すると、「明」の後に早番があったり、昼間の会議に出勤した後、夜中に「明」で再び出勤したりと、前月の疲れもあり、よりしんどいと感じました。私自身、疲労と体調不良が重なり、勤務中に貧血で倒れて早退し、他の職員に迷惑をかけてしまいました。
　現在は元の夜勤体制に戻りました。担当する子どもたちの月齢も高くなり、人数も10人前後と落ち着いていますが、また同じような状況になると困ります。

A 先輩からの助言

小塚　光夫
（元児童養護施設長）

　施設での夜勤はとてもたいへんです。私自身の児童養護施設での夜間の仕事の経験から、色々、考えたいと思います。夜間の勤務者は昼間に比べ、ずいぶん人数が少なくなります。そのなかで子どもたちに対応しながら、毎日やらなければならない仕事をこなしていくのはなかなか難しいです。私も仕事を始めた頃、毎日の決められた業務を優先してしまい、子ども対応がなかなか手厚くおこなえなかったりしました。さらに子どものささいなことから重要事項まで対応がわからないためすべてのことに力を入れてしまいやすい傾向がありました。休憩・睡眠時間を削って仕事をこなし、疲れきった顔で朝を向かえ、憔悴しきったことも多々ありました。もちろん今でも同様のことは起こります。そんなときはその都度振り返り、動き方や対応等を自分で見直したり、身近に頼れる先輩がいる場合にはアドバイスをもらったりして修正していく毎日です。そのために私は普段業務に追われる日々の中、困ったことと、そのときに行った対処をノートに記述したりします。

　私の場合、まず初めに自分自身のやるべき仕事の段取り（時間配分など）を見直し、時間の短縮を図りました。そして子どもの記録を読んだり、先輩と話したり、子どもと触れ合ったりしながら一人ひとりの子どもの特徴を少しずつ知るようにしました。そして子どもとどのように関われば納得・理解してもらえるのか考え、対応方法を学習しながら、自分の思うような子どもとの関わりができるようになりました。私の現場は児童養護施設でしたから、互いに理解し合えるようになると、子どもが協力してくれ、自ら進んで手伝ってくれるようになりました。すると職員の少ない夜でも、やらなければならない業務を早く終えられるようになり、子どもたちと接する時間が増えるようになり始めました。

　乳児院は幼い子どもたちの施設なので手伝ってくれるようなことはないかもしれませんが、子どもたちのことを気にかけ、理解しようと心がけることで、子どもたちの安心感は増すと思います。そうすることで幼い子どもたちにとって不安が大きくなる夜が、少しでも安心できるようになるのではないでしょうか。

　夜間一人対応はたいへんですが、自身を振り返り、他者を知る努力をし、裏表なく一貫した態度で接することで、自分自身を成長させると思います。そしてこういったことが自分自身だけでなく共に働く仲間とともに成長することになり、施設全体のレベルアップにもつながると信じて日々の業務をおこなっています。

　これから施設で仕事をする方、日々をたいへんな思いをしつつ過ごされている方への一つの手立てになると幸いです。

Q17 地域小規模児童養護施設での勤務体制が大変です

　私は本体施設で勤務したあと地域小規模児童養護施設に異動して現在に至ります。施設での勤務は本当に拘束時間が長いと思っています。また休みの日でも連絡が入ると出勤しないといけないことも多々あります。地域小規模児童養護施設では休日が勤務の場合、一日中施設にいることになります。朝から子どもが寝る時間までいることも珍しくありません。平日は子どもが学校に行っているので断続勤務になりますが、休日は子どもがずっといるので職員もずっといる形になっています。変わらない大人が継続的にいるということは子どもにとって良いのかもしれません。でも働く職員にとっては、体力的にも精神的にも大変厳しい勤務です。小規模な施設なので、職員は3人です。1人が泊り明けで帰り、早番勤務が1人、断続勤務が1人といった具合です。時にはずっと遅くまで一人勤務の時もあります。

　休日の日はスポーツ少年団の送迎や買い物、食事の準備など、複数職員で対応しなければならないことも多いため、それぞれの職員が無理してやっています。本体施設からの手助けもほとんどないため、地域小規模児童養護施設は実質孤立状態です。こうした余裕のない、過酷な勤務状況の中では楽しく子どもと関わることは難しいです。私たち職員は疲弊しています。どのように工夫したら子どもたちと笑顔のある楽しい生活ができるでしょうか。

A 先輩からの助言

遠藤　由美
（日本福祉大学教員）

　地域小規模児童養護施設導入の当初問題点として指摘されたことは、一人勤務になってしまうこと（何か困ったことが生じてもひとりで対応しなければならないこと、誰か経験の豊かな職員のやり方を実際に見て学ぶ経験を持てないこと、など）でした。ご質問の施設では、子どものために一人勤務を避けるように努力されていますが、そのために職員が疲れているという点では、放置できない状況です。

　地域小規模児童養護施設では、住み込みや断続勤務の形で働いている場合が多いのではないでしょうか。休みの日や休憩時間でも十分な切り替えができないかもしれません。ある地域小規模児童養護施設では、すべて自分ひとりで解決しなければならず、本体施設で行われる会議への出席もできず、研修会への参加もできない状態になりました。本体施設の職員とのかかわりが持てず、物理的な孤立とともに精神的にも孤立してしまうという問題が生じました。

　別の施設では、住み込み・断続勤務ではなく通勤とし、さらに管理宿直を配置しました。職員2人は週1回の宿直とし、5日間は別の人を入れるという形で、負担を減らしました。担当職員は22時まで施設で勤務し、帰宅します。管理宿直者は、翌日子どもたちを登校させるまで養護にあたります。当初、子どもたちが通う学校から批判がありました。忘れ物が増えたからです。これに対して、担当職員が子どもと一緒に前日のうちに翌日の準備を徹底し、学校には対応策を説明しました。学校や地域の会議には、本体施設の施設長が出席して理解を求め、地域小規模児童養護施設を対応の難しい子どもの生活の場にしないようにしました。また、担当の職員が本体施設の職員と関わりを持てるような工夫をしました。食材を担当職員が本体施設に取りに行ったり、子どもたちをピアノやダンスなどの習い事に送っていく機会を利用して本体施設に寄り本体施設の職員と話をしたりと、そのような方法で、担当職員の物理的孤立や精神的孤立を解消したそうです。

　また、そこに暮らしている子どもたちの力を生かす可能性もあります。子ども・子ども集団の状態にもよりますが、意外に出番を待っている子どもがいるかもしれません。頼りにされることで子どもは大きく育ちます。

　他にも参考になる方法があると思います。経験交流できる研究会や学習会に参加して一緒に考えましょう。

18 職員間の役割分担のことで困惑しています

　私の施設では職員によって業務の優先順位が異なります。それが原因で、うまく連携が取れないこともあります。これは育ってきた環境が違うからなのか、男性と女性という性の違いによるものなのか、その人の性格なのか、色々と考えてしまいます。例えば洗濯や食器洗い等、家事の優先順位一つにしても違いが出てきます。私の施設は中舎制で学童と幼児が一緒に生活しています。施設の朝はバタバタしていて大変です。幼児と学童では生活リズムが異なるため、朝は職員が2人必要です。ひとりの職員が幼児を起こし、着替えさせ、食事をさせ、登園させます。もうひとりの職員が小学生の登校に付き添います。私のホームの男性職員は、急にそこで記録を書き始めることが多いのです。彼は、現場からいなくなり、事務所でパソコンをしています。あまりにも現場が大変なので、「何でパソコン記入を今するの？　後で良くない？」と思ってしまいます。彼と2人で勤務しているときも、彼は事務所にいることが多く、私が一人でホームを回しています。男性職員について「何かやらなければならないことがあるのだろう」と思い、割り切ろうとしても、あまりにも現場が大変なので、「現場の状態がわからないの？　後でやってよ？」と正直、イライラしてしまいます。こういったことは私の施設では暗黙のルールのようで、ずいぶん以前からの慣習のようです。困っていても私のような新任職員から意見を言いにくいです。

A 先輩からの助言　●●●　藤田　哲也
（滋賀文教短期大学教員）

　大舎制から中舎制や小舎制へと養育単位を小規模化していく動きが進んでいる今、少ない職員が充実して子どもと関わるためには、職員の資質向上と職員同士の連携がより重要なことは言うまでもありません。特にホーム内で生活している子どもの年齢構成が異なる場合は朝の動きに違いがあるので、職員が複数いる方が対応はしやすいでしょう。

　しかしあなたともう一人の男性職員の動きが違うことが原因で、子どもたちの生活への対応が疎かになってしまうようでは、職員が役割を果たしていないということになります。

　この事例の場合、職員間で朝の動きの『大切にする視点』に違いがあるのではないでしょうか。これはこの事例に限った問題ではありません。児童福祉施設では、職員それぞれの生活経験が子どもの養育に反映されます。年齢や性格、成育歴や生活環境が違う職員が集まり子どもの生活に携わる仕事をしていくわけですから、考え方の違いがあるのは当然だとも言えるのです。

　実際にあなたは『現場は大変なのだから、朝バタバタしているときに記録を書くことはすべきではない』と思っています。しかし、もう一人の男性職員の立場を想像してみると、その時間しか事務所で業務を行う時間がとりにくいのかも知れませんし、もう一人の男性職員はあなたに『現場を任せても大丈夫だ』と信頼しているのかも知れません。

　そこで、その違いを埋めるために施設の理念や養育方針を基本としながら、まずはこのホームの朝（起床）から夜（就寝）までの子どもの動きと職員の動きを、職員で出し合ってみてはいかがでしょうか。そこに職員それぞれが大切にしている視点も加えて業務の優先順位をつけていけば『今、取り組むべきこと』か『後で取り組んでも大丈夫なこと』の区別がつき、職員の役割が明確になると思います。

　また、養育単位が小さくなればなるほど、特定の職員同士がホーム内で顔を合わせる機会は多くなると考えられます。しかし『どのような思いで役割を担っているのか』さらには『職員同士がお互いをどう思っているのか』と言った職員の"思い"を共有するまでには至っていないという実情はよく耳にします。思いの共有がなければ、本当の意味での職員連携にはなりませんので、あなた自身が朝の動きでイライラしてしまう心情も含め、視点と思いの共有に取り組んでみてください。

　最後に新任職員から意見を出しにくいのは当然のことです。まずは身近に話せる職員や、別の立場の専門職に相談して意見を聞きながら、施設全体で見直しを図るきっかけとなればよいと思います。

19 暴言・暴力に職員がチームとして　　どう対応したら良いか悩んでいます

　私の施設では昔に比べると、今は暴力が少なくなったと聞いています。見えない・見えていない暴力は存在するかもしれませんが、殴ったり、蹴ったりといった表面的な暴力は非常に少なくなったようです。それは子どもの主体性を尊重してきたからだと言われています。ただ、暴言・暴力はちょっと見逃すだけで、すぐに子ども同士や、子どもと職員間に広がる可能性を秘めていると思います。新任職員の私は、以前、私の施設で起きていた暴力を見ていません。そのとき対応した先輩職員は辞めてしまいました。そのため暴言・暴力に対して職員一人ひとりがどのようなことを意識していなければならないのか、子どものどのような行動を気にかけておかなければいけないのか、職員集団として日頃からどんなことが必要なのか、よくわかりません。施設全体で暴言・暴力に向き合っていけるように現実的かつ効果的なアドバイスをいただきたいです。

A 先輩からの助言

蛯沢　光
（特定非営利活動法人なごやかサポートみらい理事長）

　まず、職員が共通理解・認識をもつ事です。1つ目は、児童養護施設に入所する子どもたちの育ちの背景についてです。子ども達の暴言・暴力の背景には、本来守ってもらえるはずの親に、同じような暴言・暴力等の強い者の力で支配される環境にいたという事が隠されている可能性があります。その為、子どもたちは暴言・暴力で支配しようとしている訳ではなく、自分の気持ちを表現する方法をそれしか知らないのかもしれないという点です。2つ目は、今いる場所を安心・安全な場所にしたいという職員の共通認識です。「どんな理由があっても、暴力・暴言は許さない」という子ども自身ではなく、行為に対する否定的な認識を全職員が持つことです。その為には、問題が起きてからの話し合いではなく、日々の生活の中でのコミュニケーションが重要になります。子どもたちの話を聴けているか？建設的な話し合いの場は保障されているか？子ども達は感じた事（不平・不満も含め）を素直に出すことができる環境か？という振り返りを自分自身、また職員同士で繰り返し行う事も大切です。自分の思っていることを最後まで聞いてもらったり、認めてもらった体験を積み重ねてこそ、相手が思っていることを汲み取ったり、自分とは考えの違う相手の話に耳を傾けることができるようになります。

　また、子ども達の生活の場にいる職員同士の関係性も見直す良い機会になると思います。子どもたちは大人のことをよく見ています。職員一人ひとりが自分の想いを伝え、相手の想いも聴き、その上でどうするとより良くなるのかという職員同士の建設的な話し合いの上、日々の関係が成り立っている。そんな様子が毎日の生活の中にあれば子どもたちも、その姿を見て、感じて、学んでいきます。子どもたちのモデルである職員が、チームとなり助け合いながら仕事ができているのかという点も見直してみると良いかもしれません。

　子どもの行動で気にかけておくポイントは、力を持っている子の、他児に対しての言葉使いや態度、都合よく使っていないか？等をよく見ることです。発達障害をもつ子どもや、ボーダーの子は上下関係になりやすいので特に気にかけておく必要があります。また、職員が見えない所で起きていることも多いです。職員の姿が見える時と、そうでない時の子どもの変化や雰囲気も良く見ておくと気づきがあるかもしれません。

　暴言・暴力をなくし、建設的な話し合いで解決したり、自分の気持ちを表現できるようになる為には、職員と子ども、職員同士、子ども同士での日々の何気ないコミュニケーションで信頼関係を築き、みんなで安心安全な場所をつくっていくことが何より大切です。

Q20 すぐに相談できる人がいなくて困っています

　乳児院で働く中で私が困難に思ったことは、小規模化が進み、保育中に困った時、自分ひとりで対応しなければならないことです。

　小規模の居室では、子ども数人に対し職員ひとりで日中の保育を行っています。そのためどんな声掛けをしたらいいか、どんな関わりをしたらいいか迷った時にすぐに聞いたり、代わりに対応をお願いしたりすることができません。

　ある日、アイカちゃんがタクトくんの個人おもちゃを使い遊んでいました。それに気が付いたタクトくんがアイカちゃんに「カエシテ」と言っても、アイカちゃんは「イヤ」と言って返しませんでした。私の施設では個人持ちのおもちゃは「カシテネ」と言って借り、持ち主の子が「カエシテ」と言ったら返すことになっているため、私はアイカちゃんに「これはタクトくんのおもちゃだよ、返してって言ってるからどうぞしようね」と声を掛けて、おもちゃをタクトくんに渡しました。使っていたおもちゃを取られたアイカちゃんは大泣きし、そこから気持ちを立て直すことがなかなかできずにそのまま遊びの時間が終わりました。私は「アイカちゃんも自分の大事なおもちゃあったよ！」とアイカちゃんに自分の個人おもちゃを見せたり、「タクトくん、大事なおもちゃ使いたかったんだって、また後で貸してねって言ってみよう？」などと声掛けをしたりしましたが、それでもアイカちゃんは納得できずに泣き続けました。

　私は、アイカちゃんにどのような声掛けや関わりをしたらよかったのか、後から先輩に相談しました。すると先輩から「私だったらそんな時はアイカちゃんと隣の部屋に行ってみたり、エンエンしたから洗いにいこうと言ってお水を触ってみたりして気分がおもちゃから切り替わるようにするかな」とアドバイスをもらいました。

　もしその場面ですぐに聞いたり、代わりに対応してもらうことができれば、アイカちゃんは気持ちを切り替えて楽しく遊べたのではないかと思います。このように保育中に困った時にも自分ひとりで対応しなければならないことに困っています。

A 先輩からの助言

鬼頭　菊恵
（衆善会乳児院施設長）

　私たち養育者は頭であれこれ考える間もなく、その時、その場で、瞬時に子どもに対応しています。それは子どもたちの日常の中の出来事であったり、自分たち養育者が他の仕事をしている兼ね合いだったり、毎日のいろいろな場面で起こります。日々の子どもたちとのやりとりでもいろいろな場面があるでしょう。その時に自分がとった行動について振り返り、どうしてそういう行動をとったか、子どもの反応はどうだったか、違う方法はなかったか等、考えてみることはとても大切です。

　施設の約束事として、個人のおもちゃはその本人に優先権があるのだとしても、子どもにとってはどうでしょう。すんなり解決できることはいいでしょう。しかし、事例にあるように「どうぞしようね」と声をかけてタクトくんにおもちゃを渡したあと、アイカちゃんは大泣きし、なかなか気持ちを立て直すことができなかったのはなぜでしょう。アイカちゃんはどう感じたのでしょう。「もう少し遊びたかったね」と代弁して、気持ちを受けとめてあげることもいいかもしれません。子どもとの関わりの中で、その時の子どもの気持ちをわかってあげることが大切です。

　そのようなことを繰り返しながら根気よくつき合ってあげてください。今回のようにあとで先輩に話すこともいいですね。先輩からのアドバイスを受け、他にもいろいろな方法がみつかるかもしれません。それらの方法を試し、実践していくなかで経験もでき、自分なりの引き出しも増えていきます。それがまた自信につながります。

　施設の小規模化が進む中、ひとりで保育を担うことが多くなります。あなたは日中の保育をまかされているのですから、自信をもっていいと思います。子どもたちと過ごす中でいろいろな課題が出てくると思いますが、それらを糧として、これからも子どもたちと向き合っていってください。

問題が起きてしまった時、他の職員とどう共有したらいいのか悩んでいます

　私は就職して2年目になります。私の施設は男女混合で縦割りの施設です。ある日、新任である私の勤務時間帯に子ども間での性問題が起きてしまいました。これは私の憶測ですが、私が新任職員ということをわかった上でのことだと思います。この問題が発覚した時は非常にショックでした。私自身、意識できていなかったし、まさかこんなことになるなんて思いもしなかったからです。後日、同僚と話をしましたが、同僚からは特に意見やアドバイスはなく、状況報告時にさっと流してしまう感じで終わってしまいました。私は気になっていたのですが、この問題を整理し、検証し、今後の方向性を打ち出すということはありませんでした。勤務の中で一人になる時間帯も多く、一人で判断し、決断することが日常です。毎日の生活を組み立てていくだけでもかなり大変です。けれど毎日の生活の中でいろいろな問題が起きています。こうした生活の中で子ども同士はもちろん、子どもと職員間で何か問題が起きてしまった時、他の職員とこうした問題をどのように共有し、整理していけばいいのかわかりません。私のような新任職員は先輩との関係からなかなか言い出せないし、相談できないと思います。問題発生時の他の職員との共有方法や押さえるポイントを教えてほしいです。

A 先輩からの助言

喜多　一憲
（全国児童養護問題研究会会長）

　このような悩みは多くの職員が、一度ならず持つものです。1年目はとにかく目の前の業務を先輩の指示通りこなすことが精一杯、私は一所懸命やっているのにドジや戸惑いばかり、先輩たちは淡々と業務をこなして、子どもとの付き合いもうまくやっている、私のときだけ子どもが問題を起こす、どうしてもっとうまくできないのだろうか、と感じることがあります。このような思いは新任職員なら誰でも当たり前に感じるものです。

　とくに近年のケア単位の小規模化に伴い、ワンオペの時間が多く、日常業務から問題対処まですべてこなすというマルチ人間が求められて責任も重くのしかかり、疲れきってしまうという傾向が進んでいます。そういうときこそ同僚やチームのバックアップが必要になります。しかしあなたの同僚は、あなたの思っているような問題意識はないとのこと、しかも先輩職員に相談もできないとのことです。さあ、どうしたらいいでしょうか？

　まず、自分の思いや意見をぶつけるよりも、質問形式で尋ねる方が大事だと思います。たとえば性問題の出来事について、「何でこの子はこういうことをしたんでしょうかね？」「この子は今までにこういうことあったんでしょうかね？」「このことどう思いますか？」等、そこで初めてあなたの思いや意見を多少付け加えると良いと思います。とにかくその子どものことを一所懸命に考えて、何とかしたいという思いを伝えることが大切です。

　さて、この職場では笑い声があるかな、職員や子どもに笑顔があるかな、何でも話し合える雰囲気があるかな、子どもの様子はどうかな、と立ち止まって考えてみることが必要です。往々にして職員の様子は子どもたちに反映します。子どもの様子を見ると職員集団の様子がわかるともいいます。では、そういう雰囲気がないとき、どうしましょうか？

　問題共有がなかなかできないとのこと、そういうときは子どもたちとの会話、子どもの事実や自分の思いを記録化（見える化）しておくことです。それを周りの職員に個別的に提示して、チーム全体の共通課題として提案していきます。とにかくケース会議等を通して子どもを真ん中にした議論ができるよう、風通しのよい職員集団にしたいですね。

　それもかなわないようでしたら、外部に相談できる人や場がありますので、たとえばこの本を発行している「NPO法人こどもサポートネットあいち」に相談してみてはいかがでしょうか。

Comment 【解説】 職員集団づくり

西川　信（名古屋文化キンダーホルト施設長）

　名古屋文化キンダーホルトでは「養護の方針」において、「多様な集団的活動と個別的交流を展開するなかで、個の自立性と集団への帰属性を促すなど望ましい個と集団のあり方を模索する」と明文化しています。子どもも大人も集団のなかで育つことは一緒です。そのことはキンダーホルトの理念「うまれてきてよかった」"☆みんなでくらし　みんなでそだつ　☆みんなでつくり　みんなでまなぶ　☆みんなでまもり　みんなでいきる"とも一致するものです。

　職員集団づくりは、行事の取り組みや、様々な会議、研修、日常業務、あるいは親睦の旅行、等の様々な営みのなかで行われていますが、ここでは「会議のあり方」に焦点化して考えてみます。以前は会議中、時に激しく議論を闘わせてやってきました。そうした蓄積の上に今日のキンダーホルトの姿があるのですが、時代も変わり、人も変わってきているので、今は「会議の目的」「会議の進め方」を明確にしています。とりわけ職員会議は「正式な全体での決定機関」と位置づけ、事前に文書提出された内容を担当者が集団的に吟味調整し、職員会議では司会や記録は交代制で、最後に決まったことを記録担当者がまとめて報告する、会議中はそれぞれが決められた時間を守り、個人攻撃はしない、などルールを明確化・明文化し、その定着化に努めています。これは、総研※という施設内の組織が一年かけてイニシアティブをとって進めてきました。運営会議は主任以上の職員で構成していますが、ここでは「議論を中心」に展開します。会議以外でもさまざまな話し合いをしますが、二者で話すと上下関係等で負荷がかかったり、どこで何が決まったのかが不明確になりがちですので、話し合いはできるだけ三者以上で行うよう心掛けています。また、新人職員もできるだけ委員会や組織に参加し、責任を負う立場も経験することで組織における自分の仕事の意味ややりがいを感じ、主体的に施設運営に取り組めることを目指しています。

　次に「職員の育ち合い」について考えてみます。当園ではケースについてはまず「アセスメント」を行い「自立支援計画」を立てつつ、普段の児童の様子をよく見て、その子に見合った支援と関係性づくりに努めます。また、研修委員会では「全体の研修計画」と「個別研修計画」を立て、それに基づいて年間の研修を企画します。人選については本人の希望と全体のバランスを考えて行います。研修報告は職員会議の場で報告され、全体での共有に努めています。できるだけ職員の個性と自主性を尊重し、集団的な自己決定の経験を積み重ね力をつけて欲しいと考えています。同時に独りよがりにならないよう、他の職員のアドバイスにも耳を傾けることも重要としています。完璧な職員はいるはずもなく、職員が成長してゆくためには、お互いに自分の弱みや強みに気づき、自分と向き合うことが大切だと考えます。意見が一致しないことも少なくはありませんが「職員会議で決めたことにはとりあえず従う。不都合があれば見直し改善する」というスタンスでやっています。子どもの支援は一つの正解だけがあるわけではなく、色々な個性や考えの職員がいることは、子どもも価値観の幅を広げることができ、担当職員と児童の関係が煮詰まってしまうことを回避する機能もあります。社会的養護は個別化・小規模化の方向へ進んでは

いますが、職員が大勢いる現在の施設の強みも大切にしていきたいと思っています。また、人は立場や環境が変わることによって見えるものが変わってくるため、多面的な視点が持てることで成長が促されます。したがって新規事業の取り組みや職員の配置替えを肯定的な意味合いで考え、行っています。「言うは易し行うは難し」ではありますが、こうした取り組みを地道に積み上げていくことが職員集団の健全化・安定化・活性化につながるものと信じています。

※総研…（ホルト総合研究部会）施設全体に関わることで、今日的に重要と思われる問題にフォーカスして、提言や提案を行ない実践していく体制及び取り組み。cf.「会議のあり方について」とか「中長期的展望」など年間テーマを掲げて実施する。

今までの生活と将来の夢

　僕はお父さんとお母さんとお姉ちゃんと弟の5人家族です。お父さんは暴言を言ったり暴力をよくしたり怖い時もありましたが、ポケットモンスターに連れて行ってくれたりもしました。お母さんはやさしいです。お姉ちゃんと弟とはいつも一緒に遊んでいて仲よしです。
　学園に来ることになったとき、暴力がないか怖かったです。今はお友達がたくさん出来て楽しいです。たまに家族みんなでお出かけをします。お母さんは学校でお勉強をしているのを見に来てくれたり、学園に来てくれて宿題を見たりお話してくれることもあります。だから褒めてもらえるように職員の話を聞いて頑張っています。学校では縄跳びを頑張っていて、100回が目標です。
　僕は大きくなったら、学園の友達とレストランを経営して、お金をいっぱいためたいです。お金がいっぱいたまったらサバイバルに行きたいです。
　レストランではナポリタンやグラタンのお料理を置き、野菜をたくさん食べてもらいたいです。家族や学園の職員にも食べに来てもらいたいです。サバイバルではジャングルで木の実を食べたり、自分で木を集めておうちを作ってみたいです。

「私の思い出の職員」

卒園生の作文　飯森　美羽（中京学院大学短期大学部学生）

　私は小さな頃から施設で育ちました。施設で育つと言うことは、いいことばかりではありません。いじめられたこともあったし、「自分なんてどうせ…」と考えてしまう時もたくさんありました。それでも私は、胸を張って「施設での暮らしは幸せだった」と言うことができます。それに気づくことができたのは、ある職員さんとの出会いがあったからです。その職員さんというのは、厨房のおばちゃんです。厨房のおばちゃんなんて、日頃一緒に遊んでくれたり、一緒に日常を過ごすわけではありません。それでも私がいた施設の厨房のおばちゃんは、子どもたちにすごく優しくて、愛情を持って接してくれる方たちばかりでした。

　高校生になり、アルバイトを始めました。学校での疲れにアルバイトの疲れ、とても辛い毎日でした。そんな時、おばちゃんは帰りが遅い私の分のご飯にラップをかけて、そこにいつもいつもメモを置いてくれていました。書いてあることはいつも違うのですが、必ず「お疲れ様」「寒くなってきたから気をつけてね」など、私を励ましてくれる言葉でした。またある試験の時には、私は自分が考案したおやつを使うことにしたのですが、なかなか上手くいかずに失敗ばかり。ひたすら案を練って試作を繰り返して、やっと自分が納得できるものが完成しました。その時、おばちゃんは、私のために、私よりも泣いてくれました。その試験に合格した時も、私よりも喜んでくれました。その時、私は、私のために泣いてくれる、喜んでくれる人が私の周りにいるんだと初めて実感しました。そして自分のいる環境や、この施設で育ったことは、私にとってすごく幸せなことだったんだと気づきました。

　この経験から、相手のことを考え、想い、慈しむという事は、とても難しいことだけれど、人と付き合う上での基本であり、最も大切なことなのだと感じました。この考えは、人の食事という大切なものに携わる栄養士にも言えることだと私は考え、すごく大切にしながら、大学で学んでいます。

　私は今、演劇もやっています。この先どうするか、悩みはつきません。しかし、私の幸せ、私の未来のために、悩み、苦しんで、今を懸命に生きようと思います。こうして踏ん張ろうと思えるのは、施設での暮らしがあったからです。だから私はこれからも、育った施設が大好きだし、児童養護施設出身者として胸を張って生きていきます。

おわりに

　"どうしよう　こんなとき　2"を読了されていかがでしたか。この本を手に持っておられるのは社会的養護の現場で働き始めて間もない若い職員の方、先生に勧められて購入した保育士を目指す学生、あるいは社会福祉を学ぶ学生さんでしょう。

　学生さん達は子どもとかかわる仕事にあこがれ現在学びつつあるのでしょうが、実習などを通して、「これでいいのだろうか」という疑問、あるいは「果たして自分で勤まるのだろうか」という不安を持たれたのではないかと思います。若い職員の方は日々の実践の中で、思うようにできず困っているのではないでしょうか。その疑問にこの本はどの程度応えることができましたか、あるいは不十分でしたか、教えていただけるとうれしく思います。現場で直面する問題には唯一の正解はありませんし、その場で解決できる問題は少なく、逆説的に言えば、その場できれいに解決してしまってはいけないこともあります。

　この本は卒業して数年の職員の質問に、ベテラン職員が答えるという構成になっています。すなわち"現場の知"が凝縮されています。みなさんは学校で児童養護にかかわるさまざまな知識を学び、その知識を現場でどのように応用してゆくのかを問われてきます。知識は原則であり、どのような子どもと、どのような現場でその知識を生かしてゆけるのかということです。

　この本の中での質問は多くの新人職員が直面するものであり、現実的課題として向き合うことになるリアルな問題です。ベテラン職員の回答は具体的で示唆に富むものでありますが、普遍性を持った唯一最善の回答ではありません。それはみなさんがそれぞれの現場において自分で探してゆかなければならないものです。

　書籍のあとがきまであまり読まれないものですが、このあとがきまで読み進められた方はかなり意識が高い方だと思います。しかし問題をかかえた子どもはパワーコントロールを受けやすく、力に従い、子どもときちんと向き合う職員に牙を剝くことがあります。そうすると真面目な職員が指導力のない職員だとされ、理想と現実の間で挫折することになります。本書の価値はそんな時にこそ発揮されます。現場で問題に直面した時には考えている暇はありませんが、その後が大切です。「うまくいかなかった、自分はダメな支援者だ」と悩んで終わってはいけません。改めて直面した問題、特に向き合った子どもが何をやろうとして、何を伝えようとしていたのかを振り返りましょう。そんな時は記録を読み返し、その子どもの理解につとめ、じっくりと振り返ることが大切です。その上で先輩や同僚に相談し、文献で関連事項を確認することをお勧めします。そして本書のことを思い出して手に取っていただくと、何かがひらめくことがあるかもしれません。

　最後に事例の名前はすべて仮名となっています。

　この本を作りにあたり、忙しい毎日の時間を割いていくつもの事例を紹介してくださった多くの職員の皆さん、事例にコメントを寄せていただいた先輩職員の皆さん、解説を書いてくださった先生方、素敵なたくさんのイラストを書いてくださったしのはずりさんに心から感謝いたします。

編者を代表して　千坂　克馬

【編集代表者紹介】

吉村　譲（岡崎女子大学子ども教育学部准教授）
児童自立支援施設、児童相談所などで従事したのち、社会福祉法人の児童福祉施設の心理職員になる。現在は大学教員の傍ら、児童福祉施設で心理職員としても関わっている。編著書に『児童養護施設でくらす「発達障害」の子どもたち』（福村出版）などがある。

藤重育子（園田学園女子大学人間教育学部児童教育学科助教）
兵庫教育大学大学院修了後、特別支援学校教員として従事。神戸学院大学、愛知東邦大学、高田短期大学を経て、2016年4月より現職。

蛯沢　光（特定非営利活動法人なごやかサポートみらい理事長）
日本福祉大学卒業後、愛知県内の学童保育所勤務後、平成26年4月から特定非営利活動法人ひだまりの丘家庭保育室ひだまり施設長として勤務。現在は副理事長・事務局長として勤務。その他に特定非営利活動法人こどもサポートネットあいち理事、岡崎女子短期大学非常勤講師など

千坂克馬（特定非営利活動法人こどもサポートネットあいち副理事長）
特定非営利活動法人こどもサポートネット事務局及び同法人子ども子育て相談室"はとポッポ"相談員、乳幼児ホームまりあ非常勤心理士、三重短期大学非常勤講師、乳児院竜陽園勤務を経て現職。

荒井和樹（全国こども福祉センター理事長）
児童養護施設職員を経て、社会的養護から漏れる子どもを対象にしたアウトリーチを実践。全国こども福祉センター設立、現理事長。日本福祉大学、同朋大学、愛知江南短期大学、名古屋芸術大学保育専門学校非常勤講師、日本財団委託事業「夢の奨学金」ソーシャルワーカーを兼職し、現在も現場に足を運んでいる。

長谷川眞人（特定非営利活動法人こどもサポートネットあいち理事長）
名古屋市若松寮、愛知県立大学、日本福祉大学勤務後、現職、編著書に「子どもの援助子育て支援—児童福祉の事例研究」ミネルヴァ書房、「新子どもの問題ケースブック」中央法規、「子どもの権利ノートの検証—子どもの権利と人権を守るために—」三学出版など。

【執筆者紹介】

ダーリンブル　規子（中部学院大学短期大学部教員）
加藤　　潤（和進館児童ホームケアワーカー）
岩田　正人（名古屋文化キンダーホルト個別対応職員）
山路　英子（天理教三重互助園副施設長）
川上　知幸（金城学院大学非常勤講師）
川岸　慰隆（いせ子どもの家副主任）
小塚　光夫（元児童養護施設施設長）
藤田　哲也（滋賀文教短期大学教員）
鬼頭　菊恵（衆善会乳児院施設長）
浅井　梨沙（卒園生）

・橋本　喜予（元児童養護施設職員）
・西川　　信（名古屋文化キンダーホルト施設長）
・高間　由衣（子どもの家ともいき個別対応職員）
・中屋　浩二（梅ヶ丘学園施設長）
・木全　和巳（日本福祉大学教員）
・石田　公一（元児童相談所長）
・遠藤　由美（日本福祉大学教員）
・喜多　一憲（全国児童養護問題研究会会長）

・藤田　明日果（卒園生）　・飯森　美羽（卒園生）

【参考資料】

【社会的養護に関わる NPO 法人「こどもサポートネットあいち」の活動】

こどもサポートネットあいち理事長　長谷川　眞人

　初めに「こどもサポートネットあいち」の設立までの経過は愛知県立大学・日本福祉大学の長谷川ゼミで乳児院・保育所、児童養護施設等の職員を目指す学生達が、ゼミ活動で勉強したことを実践してみるという教育的意味を持って野外活動に取り組んできたことが始まりです。ゼミ生達は児童福祉現場に就職してからも活動を支援し、現在も児童養護施設に暮らす子ども達や障がいを持った子ども達も含めて多様な子ども達が一緒に参加するとてもユニークな活動を担ってきています。これらの事業は、参加した子ども達に普段の生活では得られない豊かな経験をもたらしています。

　この野外活動の成果はNPO法人「こどもサポートネットあいち」の趣旨に引き継がれて、設立趣旨書にある「子どもの権利条約」の制定された精神を受け入れ、子どもの独自の世界を尊重することが基本理念として裏付けるものとなっています。また、このNPO法人の立ち上げに集まったメンバーは教員・施設職員・地域でのボランティアというそれぞれの立場で野外活動、教育活動、相談事業、発達支援などの活動に携わっております。

　そんな願いで、NPO法人「こどもサポートネットあいち」を立ち上げたのが平成20年6月です。また、東海三県の社会的養護の当事者団体「なごやかサポートみらい」の活動と協働して、社会的養護出身者の自立のために生活支援・就労支援等も積極的に行っているのも特徴です。

　NPO法人「こどもサポートネットあいち」では野外活動には子どもゆめ基金助成を、相談事業中心としては福祉医療機構や子供の未来応援基金等の助成を受けて活動に取り組んで来ました。ここでは当NPO法人が特徴的な事業として取り組んできている相談事業、追跡手記集、大学進学等の助成制度・大学生・施設職員対象の指導者養成講座、野外活動、自立のための食事づくり等を簡単に紹介しておきます。

(1) 社会的養護等施設の自立相談事業

　社会的養護等の退所者の自立が困難であることは平成24・25・26年度の相談事業の報告書から伺うことができます。電話・メール相談だけでも年間で1,500件以上の相談を受けています。相談内容としては、①社会生活を始めるにあたって多くの青年が得られるであろうサポートを得ることが困難であること、②自立にあたって親の保証人が得られないこと、③一般社会からの目に見えない疎外による不利な条件下における就労、④退所者自身の心の傷の深さからくる不適応によるものが原因として挙げられます。国や自治体における就労準備のための支度金や各種奨学金も社会的養護等退所者にとっては社会へ自立した後ひとりでこれを使いこなすのはむつかしいため気軽に相談できる支援事業が大切です。平成28年度に子供の未来応援基金の助成をいただき、引き続き相談事業を継続させていただいていますのでご利用いただければと思います。

(2) 6年目の追跡手記集

　3年毎に同じ子に継続して書いていただく（場合によっては担当職員が聞き取り）ことで15年から16年にかけ6年目となり手記集に取り組みました。3年目に書くことが出来なかった子が6年目に書いてくれた人もいましたし、逆に時間が無いから次の時にしてほしいと言われた子もいましたが、6年前に書いていただいた23名の中で行方不明の子は3名いました。そのうち2名の子に関しては担当職員が職場を辞められ連絡が途絶えた結果不明で今回連絡が取れなかったケースです。普通児童養護施設の卒園生の追跡調査をすると3年ほどたつと半数近くが連絡が取れないようですが、手記集の継続発行のお蔭で9割近くが連絡が取れていることは3年毎の発行する成果として表れています。

　児童養護施設を退所した当事者の生活状況は一般の方がなかなか知る機会がないですが、3年毎に発行する手記集をとおして同じ子の3年間の生活状況を知っていただく機会であり、施設児童を理解していただくための手記集として大変貴重であり発行の意義があることです。今回は14名の方の協力で報告書に載せることが出来ました。是非、機会があれば子どもたちの生き方を知る機会となりますので読んでいただければと思います。

(3) 大学・専門学校進学等の助成制度

　社会的養護施設等で生活している中・高校生の大学及び専門学校等の進学率が低い現状をどのように克服したらよいか先輩である施設出身大学生・専門学校生をゲストに迎え、施設での勉強の仕方、大学・専門学校の生活の様子、大学・専門学校進学に対してどのような奨学金が用意されているかの話を聞き、今まで心配していたことが良く理解できたと参加高校生と職員・里親さんからの感想がありました。その後先進的な取り組みをされている専門家からの講演については知らなかったいくつかの奨学金や国の制度の動きが分かり今後の参考になったとの意見が多く聞かれました。全体的に毎年開催している奨学金説明会は高校生を含めて意外と高校生を抱えている施設や里親の職員の方が分からないことがあり、開催する意義があることを実感しています。

　社会的養護の下で暮らす子どもたちのための奨学金制度や大学等の助成制度をまず社会的養護に関わる方々が知っていくこと、理解していくことが大切だと思っています。学習会に参加して「進路指導している職員や生の当事者の声が聞けて良かった」「給付型奨学金や助成制度を持つ学校等がこんなにあることを初めて知った」等沢山の反応があり、この講演と説明会を通して相談や大学進学に向けて動き出した子もいます。

　「実際に体験してきている当事者の具体的な切実な話が聞けて大変参考になった」という感想が圧倒的に多くありました。施設職員からは「もっと具体的に奨学金の中身や申請方法、時期等を教えてほしい」という要望もありました。

　こうした大々的な講演と説明会は全国的にも我々団体しかやっていないことだと思います。当事者団体と協力することで内容も充実しています。そうした観点から非常に大きな機会であり、年々関係者の反応も良くなってきており、里親やファミリーホーム、児童相談所の福祉司からの相談も増えてきています。

　一昨年度から多額の金額が出る日本財団の給付型の「夢の奨学金」の協力をすることになり、

少しでも多くの社会的養護等児童が獲得できるように側面的に援助させていただきますので、いつでも相談に来ていただければと思います。

(4) **大学生・施設職員対象の指導者養成講座**

　日本の児童福祉の現状を見ますと、現在児童福祉に携わっている職員、あるいはこれから携わろうという学生が現状に即した支援スキルを学んでいくことが困難な現状にあります。それは少子化、児童虐待、格差社会、虐待の社会問題化、軽度発達障がい児の増加という問題を取り巻く大きな変化に既存の教育体系が追いつかないということからきています。「こどもサポートネットあいち」としてこの問題を解決するために、社会的養護等の現場へ就職する学生や若手施設職員の実践力と専門性をつけるために講座内容をさらに充実させて、国がめざす制度、政策に対応できる人材養成として、総合的な専門性の力量をつけるために指導者養成講座を開催しています。指導者養成講座を受講された学生の皆さんには前期の夏休みに児童養護施設、母子生活支援施設及び一般参加の子どもたち（発達障がい児含）を対象にサマーキャンプにスタッフとして参加する中で実践力を身につける内容としています。

　この指導者養成講座を通して社会的養護等施設職員として実践力と専門性をつけ、施設の子どもたちの支援や地域住民に対しても積極的に意識改革の先頭に立ち、子育てしやすい地域づくりや少子化対策への一端を担うことへ繋がる力量をつけていただいています。

　NPO法人では少しでも現場に通用する職員を育てたいと考えています。大学では学べない部分を少しでも「こどもサポートネットあいち」として支援していきたいと願っています。来年で10年目となり一定の役割を果たしてきましたので、一度原点に振り返って今後継続か廃止をするかも含めて検討させていただきます。

(5) **野外活動の取り組み**

　NPO法人「こどもサポートネットあいち」では、平成19（2009）年から将来児童福祉施設や児童相談所、教員になる人を対象に指導者養成講座を年間を通して実施する中で、指導者養成講座を受講している学生によって野外活動の企画、準備、実施等実行委員会を立ち上げて取り組んできています。

　野外活動を取り組んできたきっかけは、日本福祉大学長谷川ゼミナールで平成12（2000）年頃から毎夏、ゼミナール主催で野外活動プログラムを実施したのが始まりです。この野外活動は、乳児院・児童養護施設等の児童福祉施設の職員をめざす学生たちが、大学で学んできたことをフィールドワークとして、実践を通して検証する教育的意味をもったものです。参加する子どもたちは、参加にあたっては何ら制限を設けなくて広く募られるため、児童養護施設や母子生活支援施設に暮らす子どもたちや障がいを持った子どもたちも含めて、多様な子どもたちが参加するユニークな活動です。参加した子どもたちは普段の生活では得られない自然豊かな体験を楽しんでいます。この野外活動は年々規模も大きくなり、「こどもサポートネットあいち」にも引き継がれています。今までの実践を継承して、軽度発達障がい児や児童虐待等で入所している社会的養護等施設の子どもたちや一般の子どもたちとの交流をキャンプだけでなく、登山、スキー等にも広げ取り組んできています。

大自然の中での宿泊キャンプ等で新しい自分、友だちを発見することによって子ども同士の交流とスタッフとしての学生との交流を通して自身の成長を図り、また一生の思い出をつくる活動を目指してきています。子どもたちの成長はもちろん第一に大切にして支援してきていますが、学生が将来児童福祉施設や教員になった時にその体験を子どもたちへの指導に生かしてほしいという支援も役割として担っています。

　交流キャンプや登山では発達障がい児と健常児を一緒にグループ分けをして、キャンプファイヤー、飯盒炊飯、クラフト活動、食事等班別行動と、全体行動における役割分担と異年齢集団における助け合い活動を肌で学んでもらうことで、お互いがグループ毎に交流が出来るように班のメンバーと学生スタッフで話し合い交流活動を実施しています。登山に関しては、当日の体調・学年を考慮して体力別編成、体調の様子によってグループ分け編成をして全員登頂を目指し、全員で達成感を味わうことを考えたプログラムを心がけてきています。

　社会的養護等児童と一般家庭児童との交流キャンプ・登山等は社会的養護等児童や一般家庭児童が社会人となった時に互いに理解し合える機会と考えていますので今後共継続をしていきたいと考えています。

(6)　自立のための食事づくり

　平成28年度から子供の未来応援基金の助成をいただいて、社会的養護等児童と一般家庭の貧困児童等を対象に、管理栄養士さんの指導を受けて月2回中・高校生・退所児童を含めて行ってきています。施設等を出て自分一人で自立することになるとまず、食事の問題にぶつかります。少しでも自分自身でここで学んだことを活かすことにより、将来家庭を持っても生活ができるように、困った時にはいつでも来ていただけるように考えた食事づくりを目指していきたいと思っています。

　まだ、一度も食事づくりを体験されていない方は来ていただいて体験してください。

　連絡先は相談事業と同じく下記の電話・メール・ファックス等へご連絡ください。

　　　　　　NPO法人「こどもサポートネットあいち」
　事　務　所　〒462-0058　名古屋市北区西志賀町5丁目13番地-1
　　　　　　　TEL/FAX（052）912-7101
　　　　　　　E-mail：kodomospnaichi@mediacat.ne.jp
　　　　　　　http://kodomosp.jimdo.com/

【追悼文】

　三学出版社長中桐様が胃癌により７月15日にご逝去されたとのお知らせを受け大変おどろいています。

　貴社及びご遺族の方々の悲しみはいかばかりかをお察しいたします。中桐様がお亡くなりになる一週間ほど前に、本書の出版のお願いに滋賀県の自宅近くまで伺った折には、手術後の体調が良くないにもかかわらず、自宅から来られて、ご一緒にお食事をしながら打ち合わせをさせていただいたのが最後になろうとは思いませんでした。ご生前中には日本福祉大学在職中より、ゼミ学生のゼミ論の出版を毎年引き受けていただいてから今日まで10冊程の本を三学出版から出版させていただきました。とりわけご懇意にしていただき長い間ありがとうございました。

　皆様方には、どうか故人が残されました三学出版が今まで以上にご発展されますことを期待しております。本書の出版を見ていただくことができませんでしたことが残念ですが、中桐様のご冥福を心よりお祈りいたしております。

　　　　　　　　　　　　NPO法人こどもサポートネットあいち理事長　長谷川眞人

どうしよう　こんなとき!! 2
― 社会的養護の若き実践者のために ―

2017年9月1日初版発行

編　者　NPO法人　こどもサポートネットあいち
発行者　中桐十糸子
発行所　三学出版有限会社
　　　　〒520-0013　大津市勧学二丁目13-3
　　　　　　（TEL/FAX 077-525-8476）
　　　　　　http://sangaku.or.tv

Ⓒこどもサポートネットあいち

　　　　　　　　　　　　　亜細亜印刷（株）印刷・製本

カバー絵・本文イラスト　しのはずり